紫微斗數白話詳解
專論四化實用全書

何俊德 集著

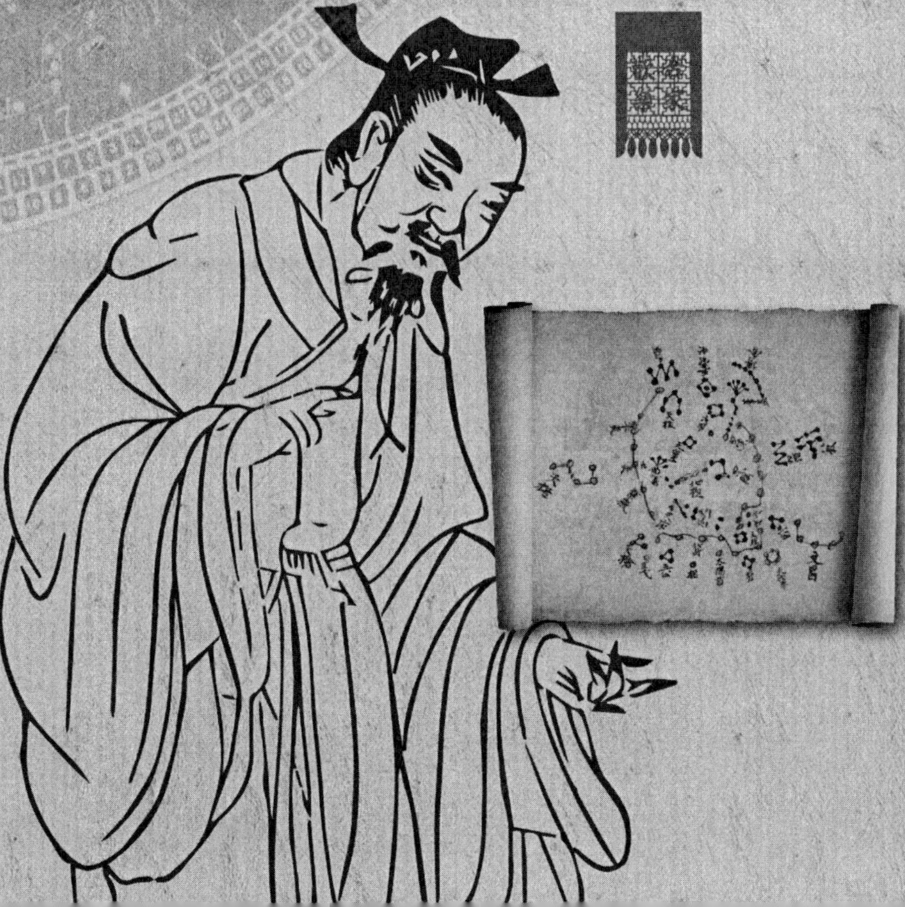

自序．天元道學堂

本人自幼研習五術以來發現，中國之五術學說並非江湖所說之跑江湖五皮，而是一門包括自然科學數學、原子變化之陰陽調和、中庸之正統學術，不但自古聖伏義聖帝發現陰陽五術，創造無極生太極兩儀、三才、四象、八卦之速水卦法、而至神農氏復創歸藏卦，以教先民集中畜牧耕作，才使先民以漁牧時代進入農業時代，此是尚古時代一大進步，可惜當時無文宗可記事，而使連山歸藏兩火卦法失傳，現有些不肖之徒假借連山歸藏兩火卦法蒙世人實在可恥不說也罷。

五千年前，黃帝於今之洛陽發現河圖洛書，並命風后演成奇門遁甲，創造指南針，而進至文王再創後天六十四卦並作易經，孔子再加十翼，易經才算完成，因是周朝時代犧書，故簡稱年周易，此學說不但有系統，且有規則之大自然動化勇眇冰理並非江湖術士所說之獨家傳書，實是江湖中人自誇自大包羞行為，今本人特將古代聖賢之易理自然法則公門於社會，盡吾所學以及多年來各方證今全部公諸於世，並不定期舉辦易經與五術地理講座以發揚古聖功德與同好者共同研參，以達到天人合一之境界。

五術源自易經演變而來，而易經哲理，是於上古伏羲聖帝，以形象取義，觀山川鳥獸之文，腑察萬物因時因地，受其環境的影響，因而產生了吉凶悔吝，不同的感應，因而有了不同的際遇，聖帝觀腑以類其情，首作八卦，覺其喜忌順逆常予，而有了先天八卦之根據，到了神農氏之農牧時代，為應當時環境的需要，又創造了歸藏卦法以便利生活，只可惜當時並沒有文字的記載，所以至今連山歸藏二大卦法，只是一種傳說而已，到了黃帝之時，因有倉頡聖人創造文字，而黃帝又得天神授法天書，而發明了指南針，以辨方位分定三才、八門，奇遁於逐麓、大捷後，往終南山求道於廣成子，後乘龍昇天得道。

到了周朝文王演易後天六十四卦，繼有周公旦、武工，演卦有成終，至孔子再補上十翼，使易經終能有系統的完成，後繼有邵康節、王禪鬼谷子、孫臏、張良、諸葛孔明、劉伯溫，加以運用，五行變易十八局六大突破，而使易理六象數，能發揮王極點，因為易經之本義乃記訴天地宇宙間大自然天體的法則規律，取義內載、中傭、中正、順逆時空，四時有常，大自然的理氣真源，不但有化學物理之顯化，創造偉大功能，也表明了大氣層於銀河星體各星係的成型，造物的奧妙存在，原子核子因子四時的變化天地萬物的影響，各系星體之終始，也訴明太陽係中各星體與萬物的生成，而萬類之間互賴生長消亡的自然學說。

如今易經不但各國科學家識之為宇宙寶典，更潛心研究，以證明它的哲學理論與奧妙象數的學術，咱身為炎黃子孫的中國人，對於先聖所留傳這麼高價值的學理，不但不深入研習，而卻想盡方法要去得到它，遇有機會了解一些入門之理論，便自創門派，各自江湖而更相互排斥，實在有違先聖創卦之本旨。

本人研習周易學說與五術五行，運體內涵連貫的實質理氣象數的妙用，實乃是密不可分的，內含始佈天地間四象四時的造化普施大能，載閱了宇宙間，萬物尤賴天源為其資生、資始、御駛天運，六爻中時空間的調配，自然有它精深玄與的哲學原理、天地人三才的連動性，受其陰陽兩極的直接感應，萬物之傭常中正之理，如一失均衡，便不能含亨通達，反如貞固之凶，所謂在天成象；在地成形，也可解為科學家發明之根據，而用於五術學中之山川地理朝元發祖之生生不息，大自然的循環根源，所以說地理之陰陽風水論，這門學問並非某人派特創的學問，不是在於方位經緯的角度，與自然環境的配合，是否得當，不但要順取天地磁場之秀靈，容於同氣相求陰陽成局，來感應咱，使能達到得地靈便人傑之最佳效果，亦就是事與理天道本性，自身的傭正性，與外界的容合性，配以時空理氣歸納常順，這才能奪天獨原，取其地靈補不足之人傑，唯有如此才能有趨吉避凶，資元終始，生生不息，所以山醫命卜相之由來都有它一定的原理，絕對沒有不順天道常理而能得到引吉退凶之理。

而觀現今社會上的陰陽風水方面，並非五術的全能學說，大都只限於相的方面而已，也並非江湖人士的自誇其大，自勝其名的派別而已，綜合分類大至包含了面相、手相、卜相、命相、運相、厝相、墓相而已，可說是江湖中人自稱的五皮術而已，根本談不上是五術學說。

五術的高境界是山、山之加上人字旁便為之仙，要成為一個仙人並非簡單，只說神通一類就有一種，簡單的解釋神、人、鬼都有一種先天之靈性，而神與鬼之靈氣只在於正與邪的分割，而人只多了一個肉體，然而五觀之外又有另一種的觀感，亦就是所謂的第六感，或是靈感都一樣在於事發的前兆人都有一種前兆的預感，而等事發之後才能徹悟，這是有感而不通的凡人性，如經過了五術學理與易經哲學的含意領悟之時，便能預知前因後果，亦可比喻為人之第六感，也可說是「天」大自然賜與萬物的一種預知感，如飛禽走獸遇有大災難都有一種遷移之本能，人也一樣知有厄運，但並不能趨之，如能窮理盡性，以至於命。

使第六感能與大自然之磁元相通，便能趨之或避之，所以必須五術具備才能為山之代表也，所以如今社會上凡以相法斷其吉凶者，都是屬於相的部份而已，本人有觀於此，破除古禮之蒙混不清，誤人誤己，所以特別成立天元道學堂，為使易經學說與五術本源能大眾化，用以啟揚易經理氣的哲學理論，能在現代科學文明的社會中，擴大它的定意，亦可使大眾能對山、醫、命、卜、相之五大學術能有更深入的了解，讓大自然之天體本能元、亨、利、貞之至高、元鑰能被澤，萬物使其各得其喜，各得其亨，萬國之間皆能安寧，美利利天下，這就是余成立天元道學堂之原意，望能帶給各位平安、幸福、如意。

本人自一九七六年研習希夷紫微斗數以來，一直惟感力不從心，總覺得斗數內涵，不但精深，星情，宮位的對待與廟、旺、休閒都有變化的意義存在原理。而會合星情也有其融持，莫念的微端化育，星情的理化程序有如物理、化學的原理，而時空地域的調配，更是發揮了它的智慧結晶奧妙的所在，以本人的親身經驗中體會一個星情的性質所佔宮位的強弱與會合星的影響，配合時空日化的變動，自然形成了一種物理與化學的變動界限，自然而然就會有一種事物與事理的產生，演盤之人就是要突破釋解其中的微妙變化，才能研判出斗盤中吉凶悔各的運限，加以避開災禍的降臨。

所以本人看過大部份的斗數書籍，可說是大部份的書籍都注重星情個性分析，會合宮位旺相休咎之例情外，很少談其四化星會合的大限流年、斗君、天、地、人之三元分解。因為事物的變化物性。才會展出它的物情、物性。也是大自然之中一種理化的奧妙所在。凡物有否有泰、陰陽消長之自然循環體係。此不變的事理所在原意。

今本人有感而發，為使同好者能突破理解，特彙集了多位名家的經驗出版《紫微斗數七句化解四化忌星專論全書》，今再增加命盤論斷要訣出版第二本《紫微斗數白話詳解專論四化實用全書》，書中涵義例出四化星情的時間、空間、宮位、三元對待所產生情景。星情的變化所產生的人、事、物、吉凶悔各精華談論編，以供同好者參考研證，共同發揮斗盤中天機運限趨吉磁凶的里程限運。希望能使每個人都能於啟示盤中，都能得到號凶禍的元亨利貞人生旅途。

目錄

何俊德何老師易經陽宅研究中心

易經卦象、陽宅厝場、收災出煞、祖先風水、神尊開光、道法科儀、祈安清醮、開廟門、處理公媽、地基主、七星燈、消災、祈福、延壽、求財、拜斗、造生基、三世因果、脫胎換骨、蓮花化身、公司造局、號名、改名、八字命理、運途、事業、財運、婚姻、學業、身體……等。

這些問題都可以到何老師官方網站或YouTube頻道收看，何俊德何老師開廟門、命理玄機與陽宅的煞氣要如何化解……等，有何老師一百多部影片，都是自古以來很多大師永不公開的奧妙祕訣，現在何老師沒有保留，全部公開，希望能讓大家了解，自家的問題出在什麼地方，及要如何化解，才是正確有效的方法，也歡迎收看好宅好運好風水的節目，尚有陽宅或是八字命理、婚姻、學業、運途等問題，歡迎諮詢。

何老師服務專線：〇五—三七四〇九八八
行動電話：〇九二八—七四七〇二七（歡迎加Line）

何老師處理祖先牌位、科儀相片

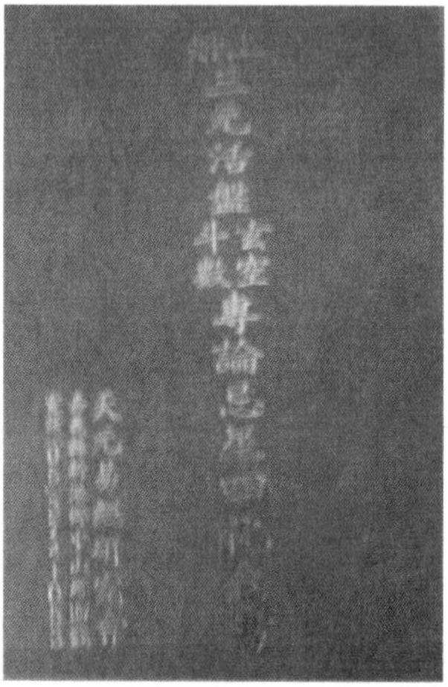
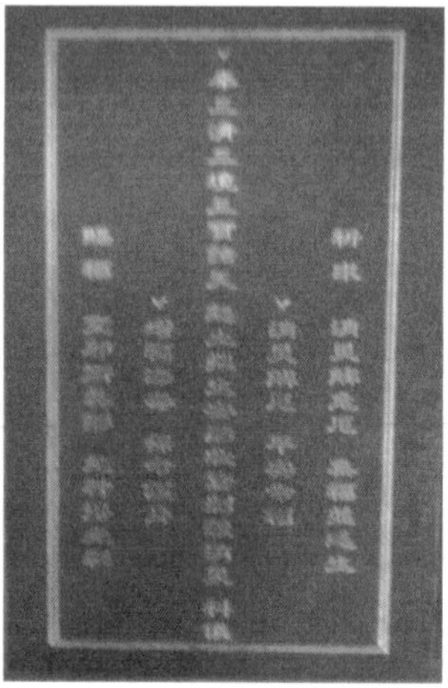
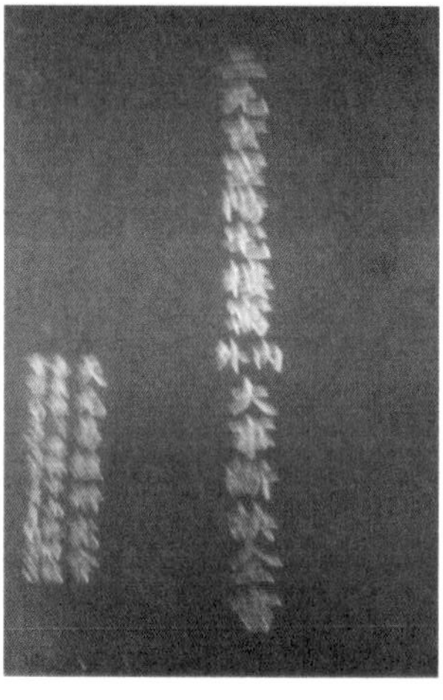
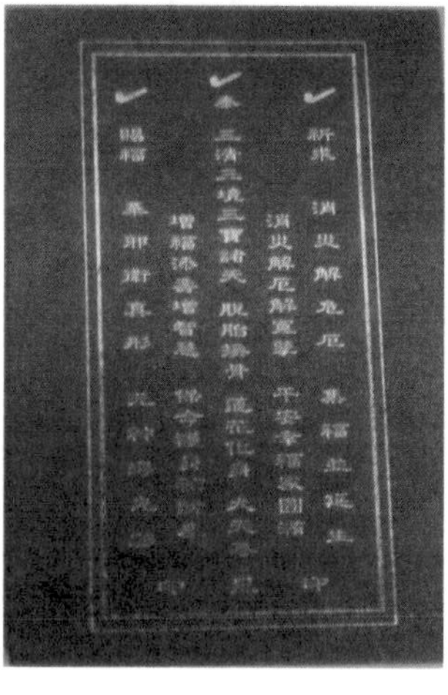

開廟門科儀

開廟門是新廟完成以後、要安坐神尊的步驟。

宮廟動工動土，一定會驚動五方的龍神土地和地方神祇，所以完成之後，神尊聖駕要入殿龍位安座，一定要先安定五方四正龍神，所以要先安龍神、送五煞然後安營謝土。

安龍就是用白米作出龍形，再由法師安龍科儀，安鎮五方龍神安定後，再由法師科儀送走白虎煞星，然後再煮油淨廟，油要用三種不同的食用油，代表天地人三乃真火，淨化後將廟門關起來，貼上符咒封起廟門，然後就是開廟門的儀式，雖已經將五方煞曜奉送出去了、還是有很多的各方無主神煞、亦想要看看是否有機會奪得龍位寶座，所以法師要用七星劍、白雞、白鴨、法繩、天地掃、天草蓆、八卦傘化五方位，將所有煞氣趕走，然後就可開廟門、安鎮神尊。

現在我將開廟門的步驟，分段讓大家了解。

開廟門步驟

步驟一：請神勒香。
步驟二：勒七星劍。
步驟三：勒雞。
步驟四：勒鴨。
步驟五：勒天地掃。
步驟六：勒天草蓆。
步驟七：勒八卦傘。
步驟八：勒五營火。
步驟九：勒過七星燈。
步驟十：勒開龍門。
步驟十一：勒點廟中所有神獸，開光點睛圓滿祥瑞。

何老師開廟門科儀現場的相片

這是我二〇一三年十月七日在麥寮鄉海豐村義和人稱外口寮仔開廟門的現場實況相片。

旨

玉旨

開泰運

安神顯赫叩首翼鴻圖

前言·天地水火四大因果

宇宙天地大自然，太極開通天地人，天地水火四大素，萬物生成總資源，
四大階空道佛禪，易經紫微斗數法，金木水火論四化，宮星四化盤中飛，
全看忌星論玄機，生剋制化君需記，吉凶悔吝知進退，星情變化是天數，
一切變化階有因，詳細判斷看分明，人事物宮誰重點，進退勝敗運限中。

✦報恩報仇討債還債恩怨情仇四大因果✦

瞭解自己——知命、運命

「落土時，八字命」這是先天註定的，每個人應瞭解自己的「命」，到底此生有多大成就？應從事何種行業，會擁有多少財富？詳視紫微斗數的命盤，即可找到答案。

因此須順命而行，不能逞強逆命而行，否則難免遭致災劫，甚至身敗名裂，即所謂「命裡有時終須有，命裡無時莫強求」，命中富貴，安於富貴；命中貧賤，安於貧賤，知足惜福，可減少苦果。

然而，「命運」並無好壞之別，因為除了先天命，另有後天的「運」可以彌

補的，命由前因所註定；運是隨著星盤轉動。命雖是前世之定數，但運是出世後的一切所作所為，是可以改變與掌控的。

絕對沒有一生衰到谷底的命盤，也無永遠富貴順遂無災的命，端看您如何去掌握契機，生命是分段的人生人自嬰兒呱呱墜地，歷經童年、青少年、中壯年、老年以至死亡，其人格特質，一生的過程，悲歡離合、成敗得失，均在紫微斗數命盤內的十二宮、大小運限、流年表露無遺，是有軌跡可尋的。

俗云：「馬有千里之行，無人不能自往，人有沖天之志，無運不能自通。」時也，命也，運也，非我之不能也。例如前述的宋○瑜先生，原本一路順遂如意，但逢「空劫」十年衰運時，縱使才華出眾，英雄卻無用武之地，運勢急轉而下，壯志未酬，即使奮戰不懈，也始終難償宿願。

馬○九先生在走七殺運逢空，又落入天羅宮時，處處受掣肘束縛，實難以發揮其才能；書云：「七殺逢空，一事無成」運走僕役宮，部屬頻頻出事受到拖累；七殺逢空亡，已喪失七殺將星的衝勁，處事猶豫畏縮，導致難成大器。

秀場巨星豬哥亮53-62歲（運走機梁逢煞、空亡）則跑路沉寂十餘年，63-72大運逢紫殺、祿存、文曲強運，在65歲又驚奇復出，重返舞台，再創高峰，風靡全台，其傳奇戲劇化的起伏人生，實令人玩味。

人的運勢隨著時間流轉，有好運和歹運，俗話說：「三年一運，好壞照輪」，紫微斗數的大限是十年走一個大運，也代表一般人常說的：「十年河東，十年河西。」

當好運來時，把握時機，霉運將至時，保守謹慎，或急流湧退，再俟機而動，即所謂：「小心駛得萬年船」，瞭解本命盤紫微斗數的脈動，那麼，好壞運，是進或退，都在您我自己掌握之中，不要猶疑不決，知始即始，知終即終，這才是明者一旦延遲就踏入不解之途了這就是命運。

陳摶希夷先師創造紫微命盤，紫微命盤有如棋盤

1、命宮：如營寨的將帥，不可衝，衝則倒棋。
2、兄弟、父母：如左右手，左右手如仕腳，仕腳若破則無人輔助。
3、夫妻、福德：如軍師，軍師替我們分憂。
4、子女長大成人：如馬，須在外日夜奔波。
5、出外宮如炮位，炮位不可忌入忌入即沖命宮，沖命宮則不利。
6、疾厄、交友：如前鋒兵卒，前鋒破了則危險。
7、事業、財帛：如先鋒，如車，除了講求快速也要顧及穩重。

陳摶希夷先師紫微命盤如棋陣，變化多端妙用無窮

大家為何對易經、陽宅、姓名學、密碼奧妙、八字命理、紫微斗數、星相學、大多的五術學術都學不會，簡單的說就是古書文言文太深奧看不懂，而現在的書越說越深，不解釋還好越解釋越亂越講越多越不懂，這些的難題，何俊德何老師易經陽宅研究中心，有鑑於此原因，用心精擇以七句巧妙精選的文字，採用白話講解將這些古聖賢所留傳的五術玄學巧妙化，讓初學者都能看得懂的方法，將這些古聖賢所留傳下來的五術玄學廣傳，讓同好易看易懂易了解，像看籤詩的方法一樣簡單，只要認識字就看得懂，讓有興趣的同好有心得，有心得才會產生興趣，現在這本書已整理好了，不管是初學者，還是有看過的同好，只要一打開書本就能看得懂，如紫微斗數的，各宮、各星曜、四化飛星、飛到那個宮、飛宮變化的精髓所在，一看就清楚各宮運限的好壞，就像看籤詩一樣，簡單又明瞭不怕學不會的紫微斗數，要知道紫微斗數真正奧妙的精華，請趕快加入，何俊德老師易經研究中心的行列，俊德感恩再感恩。

由紫微斗數命盤看因果

1．何老師講解人生紫微斗數命盤三世因果的關係

人生的四大因果的論點：一個人要來降生來到這個世上，他是有任務的，他的任務就是四大因果，所謂的四大因果就是，報恩，報仇，討債，還債，所以今生就是前世的恩怨情仇，欠別人的當然要還，別人欠你的亦會還你，有仇必報有恩也要報恩，這就是命運，所以命盤的星曜就是恩果好壞的原釋前世因果顯現是這樣來的，每個命盤排定就知道因果的好壞。

2．何老師講解人生命盤跟三世因果輪迴的關係

看命不是看命好不好，而是要看它的因果好與不好，所謂因果從命盤的星曜便可看出，前世因果的恩怨情仇，前世功德作很多。

這個命盤好的星曜就會比較多，如果煞星比較多那表示前世恩怨情仇很複雜，由命盤看出前因後果，所以孩子出生一哭出聲，就是靈魂降下也是我們所謂的落土時，要以哭聲為確定生時，小孩如果不哭代表靈魂還沒降下，靈魂一降下

哭聲就出來了，這就是奧妙的地方初生兒如果沒有哭出聲，這時候醫生就會拍嬰兒的背部，拍到有哭聲為止，有哭生靈魂才有降入身體，這就是人生的開始所以一個生命來到世間，是有任務來的，不是只有來享福而以，如果沒有四大因果的關係，大家都會選擇皇親國戚財團的家庭，誰要選擇窮苦人家，這就是因果的證明，不管命盤如何嬰兒一出生就要看它的因果從星曜就知道因果，所以命盤排好就可看出命盤的好壞，好的星曜越多表示前世的果報很好，如果壞的星曜比較多那就表示前世的功德作的比較少，所以才會出現命盤的排局，這都是三世因果的輪迴現景，各位可詳細看就知道奧妙。

固定命盤是不會變的大小運限也不會變，這就是固定盤所謂固定命盤，既然沒法變動那要如何躲過壞的運限，大小運限都是不可能改變，簡單的說一個人的運勢好壞，就是前世的恩怨情仇，所以好的運是所遇到的人事物都是好的也就是對我們有幫助的，也可說是來報恩還債的，相反的如果一個人的行運遇到了阻礙，不但處處碰壁連拿到的工作也會溜走，這就是前世所作的事情都比較私利方面的，對於功德的事情比較沒有作到，不信可參考多個命盤看看，就知道由其從命盤可看出一個結論。

所以三世因果是不容不信的，一個人沒有全都行好運的，也沒有一生都是行歹運的，不管你是什麼人，如國王首相官侯將軍士農工商都一樣，每一個人都可能幫助別人捐助別人作義工，作功德這些都是奠定了來世的好因果，如果你是害人倒債掏空殺人抹黑奸淫擄勒恐嚇，那當然這些罪過來世當然是壞的星曜，代表來還債還要被報仇的，這就是來世因果的命盤定論，如果要化解這些凶運的到來沒有別的方法，其實就有一個方法可以慢慢化解，而化解的方法就是多作功德多作福報，唯有這樣才能化解這些前世的壞因果，所以不要羨慕別人這麼好運好命，只要你在今生多作功德多作福報，相信來世你就是皇親國戚大財團之富二代，所以一個人命盤的好壞都是自己決定的，這就是先天命盤的原由有興趣可上網討論研究。

3．何老師講解人生命盤三世因果論典

斗數精髓看因果：所謂關煞星曜在一般民間都會認為過小限就沒關係，依古書記載關煞星曜就是因果的反映，就好像每個人的先天條件都不同，以前的人很容易受疾病的感染而有後遺症，後來醫學發達嬰兒有打預防針就能終生免疫，如果長大再打預防針就不能終生免疫，所以這就是奧妙的地方。

所謂小孩關煞星曜就是前世因果的代名詞，我們所知道的不好星曜其實是前

世的果報，前世有很多的功德那這個命盤裡面，就會很多好的吉星，相反如果前世都作一些壞事那出生命盤排出來當然不好的壞星曜會比較多，還有有的人不是存心作壞事，而是無形之中傷到別人，這當然也是一種果報也會出現不好的星曜，或是車禍傷到人一樣有記錄的，如果你平常都有當義工鋪橋造路，幫助弱小捐獻救災這都是善事有功德的，那命盤就會吉星比較多，由此證明一個人來到這世間是有因緣的，有四大因果的人事物才會有所牽連，並不是壞的星曜遇到都是不好的事情要看每個星曜所遇到的宮位四化星而有所不同這都是每個人的行事好壞而產生的變化奧妙原因。

*易經的陰陽理論*老子道德經所禪示大道自然*

大道自然輪迴轉，陰陽變化數萬千，萬劫災厄因果原，無窮道法悟分明，
因果福緣自修得，周圍環境人事物，對待情形都有關，天生萬物都公平，
食依住行生活圈，各取所需不宜貪，貪奪搶佔當不妥，資源本是天地賜，
萬物同享天地歡，恩債情仇自作因，前生未了今生結，四大因果輪迴轉，
王侯將士農工商，選擇來世便分明，有關周圍生活璉，前因同境即相逢，
不相往來未結緣，各自為行不相干，非常道法天地間，公開通明似鏡台，

付出行善功德在，福報果業階彙集，債害騙侵當算清，善因惡果不迷糊。

*四大因果來相會*沒有因果不相干*

一個人到這個世間來投胎，六親朋友與他一定有因果緣。因果緣很複雜，最重要的有四大類；這四類就是佛道常講的。

*恩怨情仇*報恩、報怨、討債、還債

如果沒有這四種關係，不會來相識，沒有因果關係的人見面遇到也不相干，也不認識。所以人與人之間這四種因緣，我們要清楚沒有因果是不會相識的。

如果是報恩還債來的，就是很乖的小孩，將來長大是孝子賢孫，不要教他，他就孝順。可見得他與前世有關係，這是先天的。如果是報怨或討債來的，將來就是怨家對頭，一定搞得家破人亡。

你這一生所得的財富，是你前生義財布施的果報。你過去布施得多，你這一生發大財。所以我們看到大富大貴的人，懂得佛道自然法的人是不會羨慕，為什麼？

種瓜得瓜，種豆得豆

他種的好因，他當然會得好報，這一定的道理。我們明白了，我們今天種好因，來生就得好的果報，「一飲一啄，都是前定」。

所以要懂得種因

前世有修因，這世有果報的。這個人聰明智慧，他前世修法布施。那個人健康長壽，他廣修無畏布施。

有些人是大公司大企業家、董事長，小學都沒有畢業。他底下替他辦事的都是博士。那些博士前生修法布施，沒有修財布施：他這個老闆是修財布施，沒修法布施，所以這果報不一樣。

我們看到有些窮人健康長壽，他智慧也沒有、錢財也沒有，他前生修的是無畏布施。所以你要懂得這個因，你就曉得現在的果報。

我們能用真誠心、恭敬心、清淨心，修三種布施，果報自然得到。不要求，自然得果報。你得到果報能夠布施，你將來這個果報輾轉，真的是廣大無窮盡的。

也許諸位要問，我看到那個人無惡不作，他發大財，也做大官，那豈不是他作惡得了善報？這是我們凡夫之見，凡夫只從表面上看，不曉得裡面的因果，不知道因果是前世的。

我們常常講冤冤相報，這是一定要謹慎、要小心的。「決定不跟人結冤仇」，要記住這一句話。

縱然別人欺負我，別人陷害我，我也不記仇，逆來順受，應當如此。為什麼他會陷害我，他為什麼不陷害別人？這裡頭一定有原因，我們自己沒有宿命通、沒有他心通，不知道前世的事情。

我們一定要修忍辱。如果前世我們有冤仇，這世他來報復，這筆帳就清了，就結掉了，這是好事情，不要再爭執了。如果前世我並不欠他的，他來陷害我，我不記這個仇，是替我消災，好事情，何必要去計較？何必要去報復？用不著存這個心。

這世他來報復，報完了之後，他反而佩服你，他就會跟你做好朋友：某人了不起，我過去想這麼多方法陷害他，你看他若無其事，他這個度量大，他能夠包容我。

福是自己修的，不是天上掉下來的，不是僥倖可以得來的，一定要自己去修，要能夠包容人。你能夠容人，別人也能容你，你能夠歡喜對待別人，別人也能歡喜對待你，這是一定的道理。

你不要看蚊蟲螞蟻那麼小，它也有嗔恚，它也會記仇，你殺害它，將來它得人身，你得畜生身，他也來報復，所以是冤冤相報沒完沒了，這是非常的可怕！現代社會對於殘障之人照顧得相當周到，這是基於人道。可是人為什麼生下來會殘障？這根本的原因是他前世殺業太重！佛道給我們講世間的戰爭，叫刀兵劫，刀兵劫從哪裡來的？就是從殺生來的，如果這世間人統統不殺生，就可以避免這一切戰爭的災難，所以這是殺業的果報。

欠錢的要還錢，欠命的要還命。真正因果報應，這個事實真相搞清楚了，才真正明瞭，世間人與人，人與一切眾生，沒有人說是佔便宜的，也沒有一個吃虧的，你看他前世因果就清楚了。

十八飛星四化的重要性

四化星（祿、權、科、忌）是紫微斗數用神，是推斷流限運勢吉凶的精髓所在，星曜、命格猶如一部機器，必須添加潤滑油方能運轉順暢；又如一道菜餚，必須添加油、鹽、醬、醋才能色香味俱全。

因此，四化飛星必須熟記並靈活運用，配合星性、宮位、命格論斷吉凶禍福，方能神準細膩精確。

*先天四化與後天四化*猶如命宮與身宮之詮釋*

*後天運勢四化*命宮干四化*

四化星以落入三方四正宮位（命、財、官、遷）力量最大，也左右行運的吉凶禍福，生年四化為先天命格，是與生俱來的，因此，一個人命盤的主星也隨著四化星的變化，影響各宮的好壞。另由命宮的天干（宮干）起四化。

屬於後天命格，代表自己行為

思想特性及行運，是靠自己後天努力而得。

命宮干四化落入十二宮的「化祿、化權、化科、化忌」與生年干的四化產生的作用所遇到的結果。

命宮干四化是你與六親的因果情緣

得與失的現象。生年四化屬先天命格沙所註定的，命宮干四化是後天遇之到事，較注重四化所落宮位為主，星性屬問題與事物的好壞，因此與行運有關，在論命時可作為論斷之用。

十二宮干自化

紫微斗數命盤有十二宮，每個宮位皆可以起四化，例如，財帛宮坐武曲財星，本主財源較豐茂，善理財，但其宮干坐壬，若宮干自化則為武曲化忌，意指其人錢財受制，賺錢較認真辛勞，比較不會理財，也是武曲財星之特性。

若官祿宮自化忌，會較適合領薪階級，也影響事業與夫妻對待問題。

當然宮干能自化祿、科、權

總比自化忌佳，唯宮干自化，論命時也要合參，因為生年干的四化，是先天俱來的。

*宮干四化的重點（化出、與化入，並以化祿及化忌為主），由十二宮干再四化，就有一百四十四顆祿、權、科、忌在各宮位所產生的變化現象都顯現出問題的所在。

*如：本命坐巨門星，僕役宮干為「丁」化出巨門忌入命，即代表朋友會帶給本人不順，也不宜合夥，這就是損友不可交，如果化祿入本命則佳，意指友人

對我有幫助，交友宮是看助友與損友，什麼時候遇到的是貴友還是損友，全看大運流年的，化忌或化祿權科而定。

*如果夫妻宮化祿入本命宮則佳，有情義又有助力，反之化忌入命，相處難免困擾，助力也較少，官祿宮化祿入財帛，即代表投資事業或工作之錢財有入財庫，有賺錢，反之化忌入財則損財不佳。

宮干化出之四化，視為「來因宮」

所化入之宮位為「果報宮」，有如因果對待關係，尤此可看出什麼人對我是助還是損。

紫微斗數攸關每個人今世的榮辱得失，能預知未來吉凶禍福，僅僅熟記十二個宮位及一〇八顆大小星曜特質，再加祿、權、科、忌四化星的變化，就能為自身或親友規劃出一套完整的生命藍圖。

*四化星特性及變化*化祿星：五行屬陰土*

化祿為福德之神，主財祿、福源、壽喜，有人緣，擅交際，以星曜所屬為主，該星的特性為重，如：天機星為「動星」，逢化祿其機動性增加，巨門星以

「口」為主，逢化祿說話好聽口才好，有口福，武曲為「財星」逢化祿開擴財源。

星情：化祿代表財、緣分、增加、口福，主吉利。

化祿星——組合變化

*化祿以廟旺為吉，落陷則為虛發（化權、科亦同論）。

*化祿不喜入辰戌丑未四墓之地，斗數骨髓賦云：「化祿休向墓中遊」，因落在四墓宮位受制，無法顯現化祿之吉。

*化祿最怕空、劫、化忌星或煞星來沖破，「祿忌交纏，祿逢忌會被忌化」為吉處藏凶雙忌論。

化祿喜逢財星

如：武曲、太陰、天府，因化祿其作用主「凡事有增加的特點」，所以財源會不斷，來財容易，開擴財源事業財富也增多。

化祿喜逢祿存

為「雙祿交流」，或與祿存夾命宮，大吉無不利。

*化祿不宜入疾厄宮

主胖、疾病（何病須審視所化之星而定）。

*化祿除了以星曜個性為主

並視其宮位五行生剋論之，相生為旺，相剋為弱，如：庚午年生較庚子年生之人有福祿，因「午火」有助化祿之美。

化祿逢化權、化科於命身、官祿

為「三奇加會」，主權貴、官顯，大小限、流年逢化祿，主福錄吉慶、加官晉祿升官進財。

本命的化祿星

再遇大限再逢化祿或祿存星為「雙祿」，更增加化祿之特質（須視落入何宮而分析），例如：在財帛或福德宮逢雙祿，其財源更加豐盛，小限、流年亦同論。

*四化星特性及變化*化權星*五行屬陽木*

化權為權勢，生殺之宿，威嚴剛強，主觀意識亦較強，喜受人尊重，視其所化之星，更彰顯其權貴，例如武曲星化權，從事武市職行業能顯榮，掌權威，巨門星化權為司法界、議員代表，說話有權威份量，受到懇定，破軍星化權增添開創力與波動性依星曜本性看所屬之事。

星情：主權力、堅強、主觀、爭執、能力、執行。

*化權星*組合變化*化權逢化忌為「權忌交戰」*

較固執頑冥不化永遠不滿足暴躁囉嗦自困擾。

*化權逢刑劫*江湖個性明顯*

天刑、空劫或煞星，爭執口舌、官非、破耗不走正道。

天機、天梁逢化權

主囉嗦（機梁為理論之星）或嗜賭欺詐投機起巧。

化權喜入命、財、官

有權威，官貴（主管、老闆格），善理財，掌財權政商人脈廣擴。斗數骨髓賦云：「權祿守財福，事業榮華政商關係好」。

化權較不喜入六親宮

雖掌權，但與六親易有爭執，化權入福德宮，為人海派，愛面子，也較為辛勞，但如逢化祿則主福祿增加有慈善心。

化權守命宮，逢科、祿，或三方拱照

財官雙美，大小限、流年亦同論。

*本命的化權星如大限再逢化權為「雙權」，更增加化權之特質，如：福德宮雙權則更勞祿凡事先為家人著想，官祿宮逢雙權，除掌權柄外，也更有事業心與開創力，小限、流年遇到亦同論。

*四化星特性及變化*化科星：五行屬陽水*

化科為學歷好司掌文墨之宿。

主知功名學歷高，貴人助，為人聰明

隨和，有才藝，逢天魁、天鉞，人緣特好，貴人提攜，逢昌曲，文章蓋世才藝出名。化科亦視其生年之五行定強弱，例如：甲年生人，武曲化科（武曲屬金），喜甲申年生人，因「申」屬金，金生水（化科），較不喜甲午年生人，因「午」屬火，與武曲金及化科水相剋。

星情：主聲名（顯揚）、貴人（顯現）、人緣、文墨、才藝。

*化科星*組合變化*化科不喜逢化忌*

空劫、煞星，主名聲受損，懷才不遇作事有頭無尾被化忌星同化也可說是雙忌論。

化科喜入命身及六親宮

常有貴人貴友相助，如：夫妻宮化科，男娶妻賢，得妻助，疾厄宮化科，疾病逢名醫。

＊化科入官祿宮＊人脈關係好
做事業有貴人提拔，所從事行業，有名聲，易成名。

＊化科入田宅宮＊
不動產多居豪宅，居家佈置優雅，裝璜美化，講究生活情調。

＊化科入僕役宮（又稱交友宮）＊
是朋友中有貴人，本身在朋友中大都是為朋友附出而朋友也會幫助你。

＊化科入財帛宮＊
較不缺錢，有貴人之財，如須調度也有貴助。

＊化科逢祿、權，名利皆至＊
富貴顯揚，女命化科逢吉星，亦為貴夫人政商交際好。

本命的化科星

如逢大限再逢化科為「雙科」，喜作公益更彰顯其貴人旺、人緣佳及知名度，例如落入官祿宮，事業更有貴助及名聲，小限、流年亦同論。

*四化星特性及變化*化忌星*五行屬陽水*

化忌為「多管之宿」，又稱「計較星」或「計都星」，多變異易磊災咎禍端、呈口舌之快、自擾煩困、是非爭論多，一生較多波折動盪，唯化忌逢紫微、天府、六吉星，較能軟化其兇，遇太陽、太陰星於廟旺之地，也能將化忌之性同化之，只是比較辛勞而已，如巨門星化忌又落陷，小人呈口舌之快多端是非不斷（因巨門星屬口舌，化忌會因口舌而沖突多作公益可解），天同為福星，逢化忌則酒色淫亂，武曲為財星，逢化忌錢財難聚有錢亂花。

化忌逢煞星、空劫，勞碌奔波，波折不順，狡猾奸詐不務正業鑽牛角尖多作公益也可守富一方。

化忌星：主困擾、阻礙及欠缺愛心

多是非（本宮為是非主，對宮為傷害之對象）。

*化忌星*組合變化*

化忌星逢有利吉星可被同化而轉變

災較輕，逢煞又落陷愛鑽牛角尖想一步登天多幻想難成大事。

*化忌逢太陽在（寅卯辰巳午）*太陰在（酉戌亥子）*

日月居廟旺會被同化而變好。

太陽化忌入命、父、疾位

不利陽性六親（例如：與父親兄弟較無緣），本身眼目心臟也要多注意。

太陰化忌入命

不利女性六親，日月居落陷化忌有反叛有不服輸之心態。

化忌逢天空、截空星，可空掉其凶性

能減輕其害，唯化忌星之潛在特質與缺陷仍存在上班族平穩。

＊化忌未必破格，只是增加自擾依賴性重凡事糾纏不清＊

坐生年忌不一定破格，對宮沖照的宮位才是受傷的對像，但仍須視其主星廟陷而論。如太陽居午化忌，天機在卯化忌，可從事武市行業也可發揮其才不愁生活富發一方。

＊屬土之星，四化不化忌＊

如紫微、天府、天梁之星。

＊化忌星不喜入四墓之地＊

（辰戌丑未），增加糾纏複雜困擾。

＊化忌入命宮＊

進退無常鑽牛角尖多成多敗，易生妒心也會招人嫉妒，其性急燥狂進，一生多起伏成敗，若從事武市職業也可發揮多作公益可解。

＊化忌入命＊

多思考進退反覆無常遇事難果斷作事有頭無尾宜多作公益可解其兇。

＊化祿最怕化忌來會或沖破＊

為「祿忌交纏」為雙忌論反主凶。

＊化忌入十二宮均主不吉＊

該宮位（忌入之宮），主是非不順，對宮為受傷害之宮看何宮主何事情，為害較重，例如，父母宮化忌，與父母無緣不投機，或者父母會離異，沖照本身疾厄宮，代表先天體質不好體弱多病有暗疾。

＊本命的化忌星如逢大限再逢化忌＊

為「雙忌」，更加重其阻擾與波折，例如落入官祿宮，主事業不順，有失業或倒閉離職之相或變換事業，落入財帛宮，錢財破耗被倒債或投資失利錢才難留，小限、流年亦同論。

四化星種類特性及變化

生年干四化

為先天命格是與生俱來，是先天業力因果，入命·財·官·遷，其力量最大，也左右行運的吉凶禍福。

命宮干四化

以本命宮為定點，也代表自己行為、思想特性及行運，並與其他各宮產生的互動對待關係。

歲限宮干四化

隨著運勢的流轉其宮干飛化，產生行運的吉凶變化；包括大限（大運）、流年、小限、流月、流日。

十二宮的自化，化出、化入

自化：命盤十二宮干亦會有自化祿、權、科、忌，是代表該宮的隱象，若宮位有自化，流限逢之引動必有吉凶變化。

化出、化入

命盤十二宮皆可由該宮干化入其他宮位，代表各宮相互間的對待關係。例如：僕役宮化入本命宮，如化祿代表朋友部屬對我好，有助益；若化忌入我命宮，則滋生困擾，是非多、緣薄、無助。

四化星特點補述：四化簡單、易懂，莫將它複雜化

四化星在紫微斗數論命上非常重要，由於坊間書籍對四化星的飛化各有論述，讀者常會混淆，始終無法突破盲點，其實瞭解四化星很容易。

先天運勢四化

生年、大小限、流年四化。

後天運勢四化

命宮干及各宮自化（配合參看）。

生年四化

先天宿命，與生俱來（攸關因果的一生）。

大限四化

10年行運（掌管10年吉凶）。

流限四化

一年的運勢（經管該年吉凶）。

流月四化

一個月行運（該月分的吉凶）。

以上相互對應，環環相扣，沖·照·併疊發生引動力。

各宮位自化

係指該宮的隱象，逢流限引動方顯現吉凶。

十二宮互化

化出、化入各宮之間的彼此對待關係。

*四化星命格綜論*化祿、化權、化科、的格局*

科祿權合，富貴雙全

如人命垣命三方四正逢科、祿、權拱照為「三奇嘉會格」，而逢祿存星或化祿均稱之，逢科、祿、權會合之人，其本命之主星廟旺未逢煞忌沖破，富且貴。若在陷地或逢沖破，則華而不實，或先富後敗；化權逢主掌權柄，化科會魁鉞尤佳，貴助且揚名。吉凶煞同度，謂美玉沾瑕，美中不足。

活祿子午遷移位，夫子文章蓋世

若化祿於子午遷移宮，無煞沖破有文章之美，有名聲，若祿存星於子午遷移位，主富足。而對宮太陽化祿在午位，亦謂之「活祿」，亦主權名，化祿也參考其化星之特性而定，未必全指文章之美，例如：武曲化祿主富，太陽化祿主貴。天梁化祿，外出得長輩扶助；廉貞化祿，在外有異性緣及助益；天同化祿，外出喜享受玩樂。亦應看其三方拱照的吉凶曜而論。

科名陷於凶鄉，富而不貴

如日居戌位，月落辰位，為「日月反背」縱使逢化科，仍是奔波貧忙，雖有聲名但主虛名虛利，如再加煞忌空劫沖破，反主不佳，外華內虛，苗而不秀。

權祿重逢煞湊，虛譽之隆

化權主權威，化祿則主財，本命三方四正逢之，本是吉利。若逢煞沖破，虛名虛利無實權，化祿逢煞沖，無實財，且財耗難積存，華而不實。

權祿守財福之位，處世榮華

財帛及福德宮，是重要養命之源，攸關一個人的福報與財富，若逢主星廟旺，化權、化祿坐守財福位，一生財源旺盛，亦享晚福之命，如本命身宮強旺尤佳，富貴中人。

科祿權夾助，為貴格

如安命在子位，祿居亥，權在丑，為夾貴之格；科祿權三奇相夾命亦作富或貴之格，但須命宮的主星廟旺，且無煞忌沖破，方主吉利，若三奇夾命，而主星陷地加煞，則辛勞不免。

科名暗祿，位於三台政商人脈好

科要「明」主名聲，祿要「暗」主財藏不露，即所謂：明科暗祿，入本命或三方拱照均佳。明科喜逢魁鉞更佳，人氣旺，名聲揚。化祿若逢祿存來暗合，吉不可言，富足豐盈。具明科暗祿之格，名利雙收，地位顯榮。

科命權朝，學歷好登庫甲第

書云：「科權對拱，躍三汲于禹門。」若命宮化科星坐守，對宮遷移或三合有化權星會照，即為此格。為人聰明有才華，可得貴助及聲名，嶄露頭角受器重。因名望聲譽佳，而有崇高之地位。如從事學術研究的學者、作家、演藝人員，逢行運佳，具有卓越之成就、唯最忌逢凶煞或空劫沖破，則為破格，懷才不遇，華而不實；若再會化祿、祿存星，未逢煞忌，為三奇嘉會格，名利皆至更佳。

權祿吉星奴僕位，縱然官貴也奔波

權祿吉星應入本宮或三方拱照為佳，偏落入僕役交友宮，係指「友人皆貴」，自身難免屈就，形成現實逢迎，也主奔波辛勞，如吉星廟旺入奴僕位，尚能得朋友、部屬之助，若逢煞忌、空劫或該宮陷弱，雖奔忙付出，易交損友無助益，反遭其辱，宜慎之，以免徒勞無功。

飛星四化的內容重點再述

立定點

立標宮位為定點。

陰陽為內外為事物的體用

是對應事之內外，事物分出主與客，區分陰陽的對待。

三才

就是三才天地人，區分事件的取象。

四象
祿權科忌四化星，斗數用神應活盤。

宮位轉換
突破十二宮限制，千變萬化的意涵。

宮位重疊
宮位之間的互動，分出關係來解釋。

祿忌星棋譜
瞭解四化星意涵，落在各宮的功能。

四化的軌跡
最重要精奧一環，飛化生剋的理論，架構成型的原則。重點不能單獨用，它是互相串聯的。四化並非論星曜，十八飛星是能量，星曜就好像軀殼，四化運作是靈魂，假設星曜是機械，四化象是潤滑油。星曜如人體骨架，

四化就是如血肉，二著不可分開論。

四化是啟動生命現象的動力

沒有四化如死盤，沒有星曜的解述猶如「有魂沒體」，兩者缺一不可。

四化在理論上的動線解述

是簡單易懂的，例如化權與化忌相碰，成為水火不容的權忌交戰，化科逢化忌變為雙忌？

四化星的概論

四化星是指：化祿、化權、化科、化忌，簡稱：祿、權、科、忌等四顆化曜。

化「祿」表意

政商人緣好，財祿，情緣，有情，才藝，享受；化祿是情。化祿入命財官福田為適得其所，主財祿、才藝、享受、機遇、產業；入六親宮主有情緣，與六親情義厚。

化「權」表意

權威才幹，技術，管制，霸道，自負，掌權，原則；化權是爭取。化權入六親宮主多管，態度生硬，易有紛爭。入兒女宮，對孩子管得很嚴。入命財官宮主才幹、成就、技術、變動。入田宅宮，主家居豪華，不動產多，在家裏有權威。

化「科」表意

學歷好善溝通，解厄，貴人，聲譽，才藝，事情一般過得去；化科是溝通能力強隨和。化科入六親宮，六親為自己的貴人，和睦，得助；入命財官田宮主名聲、穩定平順、正當。

化「忌」表意

沖動嫉妒虧欠，兇禍，執著，執迷，粘住，變動，道義，情義（為欠情義之意）；化忌是癡情、極端、阻滯、一籌莫展。化忌有「虧欠、欠債」之意，入那一宮即表示欠該宮的債，例如入遷移宮為欠「外在」的債，註定要外出之命；入夫妻宮，是欠前世姻緣之債。

化忌入命財官田宮主退守、損失、敗業、破財、不好的變動。化忌入宮表關系不正常而已，沖宮才是真正的破壞點，例如，入六親宮為欠六親的情、債，因過度關心而適得其反，導致不睦、是非、糾紛，而沖六親宮則為已到了絕情的地步。

隨著時間、空間的不斷變化

如大限、流年、流月、流日、流時等時空變化，天象也會發生變化，星辰的吉兇善惡也會隨之而變化，以應人間百態和反應人事的吉兇成敗的具體時間和地點。

在同一時空內，即同一限運內，只反映隨太極點變換（即宮星變動）後的一次變化情況，若不四化，就不再變動，若要變化就要通過四化來表象星辰的變化。

限運的變化是從動中和外部看變化

而四化是從靜處和內部看變化（動是絕對的，靜是相對的，是相對於同一時間而言）。

星辰不動，吉兇反應不出來

有變化就有動，有動就有吉兇的結果。

從而使時間、空間與事件之間的關系串聯起來，顯現出某時某方位發生了什麼事情，結果如何。

四化可稱為動數中的「用神」

變化的契機。星情原本的好壞只是一種跡象、成因，時空變化和四化之後才能有變化，產生飛躍而顯現出好壞，形成吉兇禍福，即結果。

四化星與運勢

先天四化與後天四化

四化星在紫微斗數論命非常重要，其飛化之十八顆星曜如前述。

先天運勢四化

生年四化：力量最強，屬先天運（固定盤），由每個人的生年干飛化而出，例如：甲年生人，為甲廉（祿）破（權）武（科）陽（忌），丁年生人，為丁陰（祿）同（權）機（科）巨（忌）。

視其落在何宮所產生的影響，如化祿入父母宮，代表與父母長輩緣深，也受到長上照顧，反之化忌則緣薄，也較溝通不良或常起爭執，並審視所化星曜之特性瞭解其意涵。

又如天梁星為父母星、蔭星，最喜入父母宮，再逢化祿或者化科更佳，武曲星屬財星，喜落入財帛宮，逢化祿（己年生）增添錢財，化忌（壬年生）則損財。

＊大限四化：關係這十年的運勢＊

例如：水二局之人，在二歲起運，第一大限為2至11歲為童限時期，要瞭解該限之運勢（例如，是否受照顧恩寵或學校成績優劣），除視其星曜吉凶並觀其四化祿、權、科是否落入該限的三方四正，如逢之則增吉祥，逢化忌未逢吉則較為不順。

大限為動盤（陽男陰女順行，陽女陰男逆行），例如：陽男木三局之人，當其順行走第五大限為43至52歲，即走到本命的官祿宮，則以該宮視為該10年運勢的命宮（即大限命宮），再以該宮的宮干（天干）起四化，視其四化所落宮位斷吉凶，如祿、權、科落入大限命宮的。

＊三方四正，聯帶此運的好壞順遂＊

如宮干為丙，以丙干起四化——丙同（祿）機（權）昌（科）廉（忌）。

大限代表年期間的運勢，首重四化星，及所化星曜之特性，並須參看本命生年的四化星，逢大限運仍以大限的四化星為主，以本命生年的四化星為輔助，如大限本身未逢化祿、化權、化科，只逢本命生年的化祿、化權、化科會照，亦主吉利。但其力量較不如大限本身逢化祿、化權、化科為強。

流年四化：瞭解當年之運勢

流年的四化每個人都一樣，但所落宮位不同，因此流年的看法以宮位為重，星曜特性為輔。

流年主外在因素（即外來環境影響），小限主內部因素（即內部自己因素），例如，某旅館餐廳生意一直平平，適逢在某流年因為政府開放陸客來台觀光，大量賓客湧入，生意轉佳，此即為外在因素（流年），但內部卻出問題，例如股東不合或員工監守自盜，此即內部因素（小限），流年運佳，小限不佳，吉處藏凶。

流月四化

即推論流年當月之運勢，流月的推算法，首先找出流年的命宮，而後由命宮逆數至生月，再由生月順數至生時即為該年正月。

流月之運勢之看法，以流年四化為主，再配合流月之四化為輔，觀察宮內之星曜吉凶，即可看出流月之好壞。至於流月四化須使用「五虎遁」例如，今年為己丑年（甲己起丙寅），以「丙」天干為一月，「丁」天干為二月，「戊」天干為三月，餘類推，如要推論其六月分之運勢，則以「辛」天干起四化即辛巨陽曲昌，審其四化所落三方四正及宮位星曜，即可瞭解該月吉凶。

流日、流時運及四化

流日：即以流月所落宮位起初一，順行一日一宮，如果回到流月本宮位則為第十三日，再順行轉一圈，則為第二十五日。

起流日四化看行運，則查萬年曆（一般家宅日曆也有記載流日），例如98/12/25為甲辰日，即以「甲」天干起四化星，再考其三方四正星曜吉凶，及參看流月四化（流月影響流日）。

流時：推算流時，以流日本宮為子時，順行一宮一時辰（兩個鐘頭），例如，流日本宮落在為午的宮位，則由午宮起子時，未宮為丑時，申宮為寅時……依此類推，視流日四化，及流時所落宮位之星曜論吉凶。

十二宮干自化

紫微斗數命盤有十二宮，每個宮位皆可以起四化，這個屬於先天的對待關係看什麼宮四化入什麼宮，就可知道什麼六親對我有幫助，還是會破害損失那方面的問題，所以十天干的四化星都要背的很熟才能運用自如。

四化飛星論述

紫微斗數除了十八顆主星、六吉、六煞星及重要次級星、乙、丙級星外，還有隨著生年干、宮干飛化的「化祿、化權、化科、化忌」四化星，也左右行運的吉凶禍福。

主星就如一個人的骨幹，副星（助星）、次級星，是人體肌肉、髮膚，那麼四化星即是流通的血液；就好像一棵樹是否長得壯碩、挺拔，必須命身宮及其三方四正，具備強有力的主星，枝葉是否茂盛？則參考副星之吉煞，至於那一年生長較青翠或枯萎，就參考乙、丙級小星曜。

「祿、權、科、忌」四化星猶如營養、土壤、陽光之補給，沒有充足的土壤、陽光培植及適當的灌溉、施肥，這顆樹無法生長得欣欣向榮，甚至開花結果。

也好比一部機器在運轉時，必須加添潤滑油，使機器運轉更順暢與耐久，一道菜餚要使它色、香、味俱全，必須配合添加些佐料。因此，一個人命盤的主星也隨著四化星的好壞，增減人生旅途之色彩及影響命運順逆吉凶變化，逢大小限、流年亦同論。

四化星是依據天干及十五顆主副星之特性組合而產生不同的變化，飛化的星曜如下：紫微、天機、太陽、武曲、天同、廉貞、太陰、貪狼、巨門、天相、天梁、破軍等十一顆主星，及左輔、右弼、文昌、文曲等四顆輔佐副星。

紫微諸星曜依其五行生剋及陰陽，其星有明暗不同的亮度，所飛化的「祿、權、科、忌」亦有廟、旺、利、陷之別。

四化飛星、祿、權、科、忌入十二宮，猶如易經的四象〈春、夏、秋、冬〉也好比到佛道所說的：恩怨情仇四大因果關係，它左右星盤之人一生的吉凶悔咎，榮辱得失，是紫微斗數的精華所在。

易經下經屬後天萬物生活的自然道德倫理必備的要件

咸掛代表夫妻感情的感應第三十二卦稱「恆卦」，意指夫婦之道要保持堅貞恆久，夫唱婦隨，情誼長久不變，才不失人倫道德之義，先修身方能齊家，行為無過咎，運勢方亨通，則可以無往不利矣！簡淺的幾句卦辭，也說明了「先天造命的原由」。

佛道所云：「生命有輪迴，因果業報，如影隨形。」有位大師說：「造什麼因，受什麼果。」所謂因果報應，是自身行為的「反作用力」，辱人妻女，必自辱受報，即使今生惡果不現，仍有來世，生死輪迴流轉，善惡果報也是相隨延續的。

每個人都是由「生門」走向「死門」，誰也無法倖免，有生方有死，有死必有生，若沒有生，何來死？人有生、老、病、死，物有成、住、壞、空，古人云：「人活百歲當須死，樹長千年當柴劈。」這是自然的規律，然而「死」卻不是盡頭，只是新生蛻變的開始。

一個人的恩怨情仇，念念相續，生死相疊，綿綿不絕，「念念相續，如影隨形」即為輪迴。

四化入十二宮所代表的意涵

四化有生年四化、宮干飛化、各宮自化、化出、化入，以及大限、歲限、月、日四化，所產生人、事、地、物的變化，如果沒有祥細觀茶及案例解說，實在很難看清楚，所以欲學紫微斗數的同好，需由淺入深了解每個星曜的特性，得地的宮位與不的地的宮位，都撤底的明白，才能論斷否則不知從那理論斷、循序漸進方能有所了解命盤之重點，否則東學西湊、斷簡殘篇，一定會混淆的。

化忌星論命吉凶以祿忌為主

*化忌星主怨妒、執著依賴心意不定主不安、不順有阻礙又欠耐力。

*「忌」拆開解釋為自己的心，化忌代表遇事放不下困擾自己進退不定、掛礙鬱結也貞固頑悶、鑽牛角尖的現象，化忌化在那宮位，即是煩惱的所在。

*化忌為是非多管之宿（喜管別人之事）看所化之星的星性，及落於何宮而定。（也看自化忌入何宮、即該宮的欠債忌）。

如：廉貪化忌主情鎖、為情所困單相思，易因桃花惹是非、刑訟官非防口舌。

天機化忌判斷錯誤，避免因決策而變動、意外交通傷手足。

巨門化忌固耿直，口舌是非亂判斷，遷移出外所遇之問題。

*化忌入命宮：個性古怪幽煩沉悶，內斂鬱抑煩自我困擾、執著心勞又多疑。化忌宮為事之主因，注意警惕與告戒。

吃虧也要顧面子、不願欠別人情債、比較惜情依賴性，由化忌星可看出，如：武曲化忌與情義錢財有關，錢財必定有損失，有財務上的困擾；廉貞化忌為桃花感情的困擾。

*化忌應注意事項*化忌於命、遷移、田宅、子女*

主驛馬有出外變動的現相並要注意意外之災、不宜再逢煞星，流限化忌來引動都有事情會發生的現象。

化忌其影響力往往在對宮

要注意對宮的對待關係，沖對宮本宮也是主因，被沖擊的對宮為傷害的主事。

化忌星逢空亡

地劫、地空、羊、陀等六煞星，有意外災害的問題。流限逢之，處事須謹慎小心。

化忌入四墓之地

也主凶厄（四庫為入墓之地）。

三方四正看格局

然而，「四化」亦是斗數中奧妙之所在自己的生祿，依祿、權、科、忌的應用來看四化現象。

現象是太極，凡事一體兩面然而有象就有物，問題的「權」在何宮，就是何事物。

論命一定要瞭解命格的重要

紫微斗數的精華首重命格，有格論格，無格方論命身、財帛、官祿，格局好壞關係一個人的成就高低好壞榮枯，富貴貧賤學歷如何。

學習紫微斗數一定要將星情、組合、格局、四化各星曜的特性、靈活的運用，再配合大小行運的走勢，一個人的吉、凶、禍、福盡在其中顯現出來。

因為，命格的高低，攸關一生命運，也決定行運之吉凶；許多人不瞭解命格，常忽略其重要性，論命只重四化而不重星曜組合，是無法詳盡闡述這個命盤的所屬格局的主因。

命格總論

命格與大限運勢是相互關聯的，將命格比做「汽車」，運勢代表「道路」，格局好的人，猶如駕駛一部新的高級轎車（例如：賓士），運勢好，表示道路很平坦，命格佳、運又好，就如開一部賓士新車，行駛在平坦寬敞的道路上，則一路順遂。如果逢大限（運勢）不好，表示道路崎嶇不平，代表這部賓士車，是行駛在崎嶇不平的道路，只是遭遇點阻力，還是很快能抵達目的地，即所謂：「命好，不怕運來磨」。

命格（格局）差，代表駕駛一部二手老爺車，逢好運時，道路平坦，還是能平安抵達目標。只是較辛苦些，比不上「賓士車」舒服又安穩迅速。假設命格不好，運又差，破車行駛在崎嶇不平的道路，慢慢磨，還是會到達，只是一路上較為坎坎坷坷，在人生旅途總是辛勞起伏不定。

紫微斗數常用的三十六顆星曜，無論它們在十二宮如何的組合，總是會吉凶星曜互纏，因此須審其命格為依據，「有格先論格，無格方論命身宮」，有格局組合佳之人當然一生比較順遂，但也不是都很美滿都會有突出的狀況，多作公益善加珍惜福報，則福祿更綿長。

反之破格組合差之人，一生雖艱辛困苦些，這根因果都有關係的、人生的恩怨情仇都會出現在格局的行運變化，所以要消您宿世業障就多作公益也可化解因果的問題。

因為「運」是會轉動的，斗數命盤有大小限與流年運，人絕對沒有一路衰」到底的命盤，我們瞭解了命理，就要知其意涵，知命、知運，知方向、以減輕橫逆挫敗的因果，多作公益「命運」是可以改變的。

*無主星的格局*命宮無正曜格*

命宮及父母宮無十八顆主星之一者，為人較無主見，與六親緣薄，幼年多災身弱，宜離鄉打拼發展，加會吉星也可發揮其才能，唯其耐力不足，如加會凶星者，宜多作公益最有有巧藝也可安身。（命逢空宮無主星，較無主見依賴性大，須看對宮主星為用，所以其力量也減弱依靠他人是比較困難的事，因此一生較為辛勞）。

＊小人據位格（君子在野格）＊

命宮無主星或無其他的吉星，只有羊、陀、火、鈴煞星入命宮，其思想較偏邪固執，喧賓奪主之勢，命宮受制且逢煞，非但辛勞無助，為惡易從善較難屬於鑽牛角尖之人，要多作公益宜寡慾知足不幻想，並學一專技也可安身立命。（除非三方四正逢強有力的星曜拱照相扶，外力貴人加持提攜，尚有可為）如再會魁鉞貴人星，則財名皆至政商人緣好。

認識十八飛星

十八飛星斷命格，主要為看人之命運之根源，與行運看法不同，行運以四化斷。

主飛之十八顆星：紫微、天機、太陽、武曲、天同、廉貞、天府、太陰、貪狼、巨門、天相、天梁、七殺、破軍、左輔、右弼、文昌、文曲。

紫微星之特性

紫微北斗主星屬己土名帝座於子方北極方位，屬於一國至尊有賴左右君臣之輔助方能施展其能，如無從邊輔助乃可能隨兇星之牽引而致於行事錯誤，而陰土乃濁清不分所以也有迷惑的情形發生，而本屬帝座所以也是佔有權威與固執不同的個性，好的是貞守權威確認方向，不失中正之道理，如果不得力或位不當就可說是頑固食古不化之不不講道理之人，子宮喜丁己庚生人貴格，壬癸人不耐久，午宮為入廟，喜甲丁己生人，官齊備，丙戊人成，不定終帶疾，卯酉宮旺貪狼同乙辛生人卯庚生人貴人但欠缺耐力，寅申旺地與天府同位卯庚丁己人才官全美，己亥旺地與殺同，乙戊生人才官格辰戌宮得地與天相同乙己甲庚癸人才官格丑未入廟與破軍同丁己卯庚乙壬人才官格。

壬干的四化是，紫微化權

紫微星是十四主曜中的帝王星，亦是北斗主星，紫微化氣曰「尊」，為官祿主。

化權相當於「夏天」，代表成長、積極、熱力，進而轉出另一種「衝突、爭執、主導、才華、開創的意義。

紫微化權便可視為掌握生殺之權

主能力強，有領導統御之長才，大權在握。然須會左右或吉星，主權大，如無吉星而遇煞星則蠻悍霸道。

命宮有紫微星坐守的人

多是心高氣傲，不甘永伏人下，為人亦較孤僻，對事物自有其獨特見解，不願隨意附和，至於其人是否真有見識，則需要看格局是否會上文昌文曲等曜。

紫微星雖然尊貴

本具權威性，再化權時，乃是權上加權，故作為難免偏于霸氣霸道，此時若不會左右，行事常專權獨斷，剛愎自用，而不能察納雅言，從善如流，以致處理事情，有時會作出偏差錯誤的決斷，而蒙受巨大的損失，又壬幹紫微化權，三方必然會見武曲化忌，因此在錢財運用上，常一意孤行，過於自信、任性，甚至魯莽地將財產作孤注一擲的投資，導致財務投資的損失。

紫微坐命宮這時財帛宮必為武曲星

武曲財星化忌最直接的意義，應是注意錢財上的困擾。若武曲化忌逢地空、地劫又會到文曲化忌主意外和突發之災。

紫微化權須有左輔或右弼同宮

才算有威有福，否則孤獨自鳴得意，尤忌在子地化權，頑固不化。

紫微化權最喜在巳、亥之宮（巳地尤吉），有權有勢。

女命可為女強人

婚姻比較困擾，丙年及戊年生人，祿存同宮，女中英雄，如與羊、陀同宮，反成軟弱個性，或是非不分（羊刃同宮，因產興訟，羊刃對宮，有理想，有抱負，惜未能實現）。

紫微星七句詩籤

紫微天中第一星，命身相同福才興，若逢相佐宮中會，富貴雙全揚天下，

紫星守命最為良，天空地劫福不長，羊陀火鈴來相會，不務正道心偏邪，

紫微辰戌遇破軍，富而固執有虛名，若逢貪狼值卯酉，臣將反背不相應，

火鈴羊陀來會遇，七殺同宮多暴躁，欺人孤獨更刑傷，多作公益可吉利，

紫微女命守命身，天府尊星若同到，更得吉星同照臨，金冠貴婦福無窮，

紫微女命守夫宮，三方吉拱方為榮，若逢殺破來沖會，衣祿盈餘嬌淫容，

紫微垣內吉星臨，大小限逢福祿興，常人得遇多財富，官貴逢之貴高升，

紫微入局本祥瑞，只恐三方殺破狼，暴躁強押有阻礙，行為謹慎要警惕。

紫微星特性

紫微：為一無主見之星，視其會何星而斷其隨同之變化，主耳軟，只有左右才會顯貴。紫微為官祿主，為帝王之星。

化權：主能力強，能幹。化科：主隨合，人緣好交際廣擴。

封神榜代表人物：伯邑考（美男子）司掌「尊貴」之神。代表忠厚、俊美、孝順、權力、貴氣。

五行：己屬陰土

特性：北斗主星（北斗大多屬陰，南斗大多屬陽），紫微也是南北斗中天至尊之宿，又名帝座，是官祿之星、也主官貴，有延壽、制化之功能；紫微星是至尊老大之星，有貴氣，霸氣，領袖群倫，有威儀，喜發號施令，耳根軟，喜別人奉承，掌造化之樞機，在數專司爵祿（官祿），主尊貴、名聲、地位、享受，重面子。

形貌：入命，面色帶紫黃，長圓臉型，濃眉雄威，眉往上挑，天庭高（額頭高），法令紋明顯，延伸超過嘴角，兩目有神，舉止穩健，氣質端莊沈穩與威嚴。

*紫微星長相最明顯為有法令紋（有法令紋之星為紫微、天府、太陽）。

*紫微星坐命大多眉毛往上揚，紫微禿頭由天庭開始，外表沉穩，有威儀，臉長圓，腰背多肉（尊貴之星，喜人巴結）。

男命：相貌堂堂，腰背多肉，為人忠厚穩重，有威儀。

女命：儀態端莊，氣質高雅（清秀），含蓄、富幻想，聰明伶俐，喜男生奉承，外貌尊嚴高貴，是女中丈夫女強人，入命逢吉星富貴之婦。

紫微星如逢吉星無煞星來會

外表忠厚老成耿直，待人謙恭，做事乾脆俐落，慷慨沉著，能力強，機警，反應快，具領導才華，孝順，重感情，興趣廣泛多聞政商關係好。

紫微星如逢煞星無吉星會照

欠主見，耳根軟（易受環境影響而改變初衷）嬌傲、疑心，喜掌權，領袖慾強，榮譽心較重，女命更甚欠理智，較固執堅持，適應環境較差，逢逆境易氣餒。

紫微輔弼同宮，君臨天下掌權威

紫微全依左輔、右弼之助力，若不會左右為孤君，最喜左右同宮或夾宮或拱照，遇貴助，有威望，掌權柄，逢煞臨較辛苦不利無權虛名而已，紫微星不喜入六親位，主孤僻刑尅。大限行運喜中年逢之（性頑爛懶、霸道、愛出風頭）、老年運（少年玩過頭末老先衰，煩事多心不清多作公益可化解）。

紫微為帝座星，若無左右同宮或會照

逢四煞環伺，謂「奴欺主」，縱使諸吉合照，也是喧賓奪主，君王失權，小人據位，紫微無左輔右弼襄助，猶如「光桿司令無實權」，暴躁狂悍不正道八大行業或欺壓狡詐宜多作公益解其厄。

*紫微居午無刑忌為富貴格*甲己丁年生，位至公卿*

紫微居午位，帝星居南極，午位五行屬火，紫微屬土，火生土為旺地，如無煞來沖破；甲年生人「雙祿朝垣」，己年生人祿存入命宮，武曲化祿居財帛，丁年生人祿存入命與紫微星同宮，均主富貴格局政商關係好。

紫破限運逢桃花星，異性情緣較濃

命身宮不需坐紫破，只要限運逢之，較有桃花之情，唯此類之桃花來去皆快速，若有左右同宮或夾助，異性朋友多，但環境仍有變動起伏，紫破坐命者，要注意感情方面的困擾。

紫微男命居亥，女命居寅，壬甲年生人富貴

男命得紫微在亥宮立命，與七殺星同宮，壬年生人，祿存星在亥宮，且逢紫微化權，逢權祿守命，富貴雙全人緣好。

女命紫微在寅位，必與天府星同度，甲年生人雙祿拱坐，三合吉星化科來朝照，有富貴命，但紫府同宮的女命，較為強勢貴高女中丈夫。

*紫微破軍無左右魁鉞*未逢吉星，為胥吏凶徒無所事事*

紫微破軍星在丑未兩宮，如有吉星來會合或夾助，為富貴之上格，若逢煞無吉助，大多上班族公門酷吏，為民則凶暴不仁，較貪慾無孝義之個性。紫破雖適宜武市經商，仍是多波折起伏不定多作公益可增福。

南斗北斗至尊星，紫微天府夾命宮為貴格

紫微天府二星，如前後夾命垣，主富貴雙全，然此格僅限於立命寅申位才有，一生多貴助政商關係好，例如：紫微居丑未二宮，天府在卯酉來夾命，但命宮無正星，只能借對宮同梁為用，且身宮須廟旺，無煞忌沖破，紫微居卯酉位，天府在丑未夾助，命宮有太陰天機星在寅申位，三方會合天梁天同星，而成機月同梁的「探花格」，如逢吉星相扶，政商人脈好，財官事業雙美。

紫府朝垣逢科祿權，終身福厚至三公

朝垣者即三合來照命宮之意，紫府來朝無煞沖大吉，如：立命在寅，武曲天相守命，午宮事業有紫微星，戌宮財帛逢天府廉貞星，若不逢四煞來沖破，甲年生人科、祿、權三奇嘉會，逢祿存來會合，為極品之富貴政商關係好。

紫府武曲居財帛及田宅宮，更兼權祿富貴

紫微、天府、武曲、雙祿（祿存、化祿）為財星，故如有入財帛或田宅宮再會吉星不逢煞，必是富足之人。田宅宮乃藏財之庫位，若財宮又佳，其財源豐盛，富貴可期。

帝居卯酉，逢劫空羊陀，多為脫俗之人

「帝」即紫微帝座星，如在卯或酉位，必有貪狼星同坐，喜好神仙玄學之術，若再有劫空於命身，逢煞星沖破高僧仙道五術發展也有一片天地，此局如有火星或鈴星同宮（火貪格、鈴貪格），較有富貴格局，但一生起伏難免。

紫微七殺化權，執掌權柄，反作禎祥論

七殺為戰將也是孤剋之星，在巳亥位與紫微星同宮，紫微在十二宮中無落陷僅旺弱之分，紫微能解七殺之凶而形成權威帶霸氣，行事能獨當一面；若無左右相助，則成為孤君固執不納人言，人緣差不善交際，亥乃天庭之地，故近顯貴富商之人有權威，注意紫微七殺星不宜逢空亡星，只徒具虛名半路出師難成大事。

紫微會吉星於遷移宮，在外交際廣擴朋友多

遷移宮主出外人脈及遭遇的吉凶，紫微帝星坐遷移逢吉，外出發展事業，備受尊崇得意風光人脈廣，在外人緣佳，活動力也強。

紫微星在十二宮格局再論

◎紫府同宮寅申位逢吉「雖財祿不缺，但親情相聚不足，在外發展」。
◎紫破（或天相）同宮辰戌丑未「為臣不義*為子不孝*兄弟無情」。
◎紫貪居卯酉位：逢吉主「貴」，逢煞「百事蹉跎」，太多桃花星同坐則「桃花滾浪」，逢煞星，或遇煞星圍繞環「小人據位，奴欺主無情無義」。

【命身宮】*紫微、天府同宮坐命宮*

為「紫府同臨格」，南北斗主星、志氣大，格局高，一生財祿不斷，豐衣足食，穩定發達，雙帝王星入命，其勢過旺，與六親較無緣。（此格中比寅好、日月不反背）。女命紫府同宮，女人強勢，夫妻感情較難週全。

紫府同宮必在寅申位，格局好，眼界也高，好壞看三方四正，是否看到左右、魁鉞，紫微星主尊貴，天府為祿庫星，財帛宮有武曲財星，星辰均歸其位，一生財祿不斷，豐衣足食財團擴大發展。

【兄弟宮】天機居陷地*

兄弟緣薄，逢煞忌兄弟無助，多有計較與是非，多作公益也可安身立命　乙辛年生人加吉星，聰明有才華，富足之命，兄弟相處尤佳。

【夫妻宮】破軍耗星坐守*

感情易波動變化，晚婚較能穩定。（夫妻宮破軍星居子午位，為南北斗交會處，亦有撥亂反正之效，如又逢吉星，婚姻感情美滿）。

【子女宮】太陽為光明之宿*

居旺地子女學問好聰明人緣好、活潑、有愛心，居陷地較內斂些。先勤後惰，早年離家外出，較奔波。加煞注意心臟眼睛疾患，逢化忌眼目有傷多作公益可解。

【財帛宮】武曲財星坐守*

錢財不虞匱乏，為小氣財神，鐵公雞（若祿存、貪狼、天府星坐財宮亦同）。加四煞恐錢財被劫受損要注意多作公益可解。

之患。

【疾厄宮】天同星坐守*

五行屬水應注意腎臟、泌尿系統、糖尿病、膀胱之疾。加煞星恐有刑傷病痛之患。

【遷移宮】七殺性急幹勁十足*

在外活動力強也艱辛，但衝動與人寡合，朋友宮（僕役宮）倖有天梁蔭星坐守，有助益。加吉仍有特殊成就外交好人脈好。

【僕役宮】年長朋友有助*

若會吉星主多得知心朋友；加煞朋友寡合無助損友較多。

【官祿宮】廉相坐守*

適合財政金融、政治、建築、代理、服務業，也宜公職或民營大企業任職，有傑出表現掌權威。不喜逢煞，多是非有阻礙多作公益。

【田宅宮】是非暗星坐守*
有不動產家宅紛擾多，逢吉或化祿尚佳，逢煞大發大敗心性不宜太大橫財不聚正財可聚。

【福德宮】貪狼為慾望之星*
較注重享受，喜守財藏私房錢。如逢火鈴同宮，戊己年生人，財庫豐盈喜交際。

【父母宮】紫府坐寅位*
太陰落陷，早離家外出，紫府申位坐命太陰廟旺，受母親寵愛庇護多，丙丁年生尤佳。逢吉相處佳，逢煞忌六親緣薄失和無助靠自己白手成家。

天機星七句詩籤
為平輩、近親、兄弟、朋友（與遠親無關）。唯一智慧之星。
天機南斗第三星，乙木精明又勤勞，作事謹慎多計較，善辯巧計有特殊，

心慈良善有才能，好奇心重有機謀，較有陰木柔弱面，自我矛盾不果斷，
星情有好必有壞，並非一定無變化，此乃陰陽之定理，在子午宮入廟旺，
丁己癸甲庚壬生，之人屬於財官格，寅申得地太陰同，丁己卯庚癸生人，
之人公家事業格，己亥和平丙壬戊，生人合局欠耐力，辰戌利天梁同度，
壬庚丁主人為福，丑未陷地沒貴助，丙戊丁壬才官有，乙壬生人祿合局。
機巨同梁是四鳳，機月天梁合太陽，常人富足置田庄，官員得遇科權祿，
職位高昇人脈好，天機化忌落困宮，縱有財官也不終，退盡家財兼損壽，
飄逢不定難進展，天機女命吉星扶，作事才能勝丈夫，權祿宮中逢守照，
榮膺誥命貴婦人，天機星與太陰同，女命逢之藝巧容，衣祿雖榮難全美，
嬌容人賣主風華，男女二命值天機，祿主科權大有為，出入身邊多遇貴，
突發財富少人知，天機落陷不安寧，家中事業不順心，再遇羊陀並巨門，
須知此歲多紛爭。

*天機娛樂之星：八大行業*廉貞貪狼代表休閒產業*

五術之星：機、月、同、梁、貪狼，對五術山醫命相卜有興趣，命理界一般是貪狼、巨門或天梁

天機比較是大眾傳播，企劃人才

修道之星：天機、貪狼走靈修路線，練氣功，中醫，通靈，宗教靈修。

代表七情六慾

福禍善惡主：可善可惡，一念之間，神出鬼沒：喜歡裝神弄鬼，很難猜透當在不同宮位時要有不同的論述在命、福、身、遷宮時以上特性都會出現。

*戊年生人*天機化忌小心意外*

出外要謹慎注意交通事故，手足之傷及受小人之災。

*辛干的四化*太陽化權*

太陽本為熱能星座，陽光普照，且化權屬木，木能生火，更助其光芒四射之威力，故其人有令人不威而畏，不寒而慄之自然威儀，其所言都能受人擁護及支援，所謀順心遂意，不可剛愎自用，運限逢之，祿馬湊，官人威權顯赫，落陷善謀權術。

太陽為官祿主

本身是熱能星座，如化權，則凡事均採積極主動，而威儀受人傾仰，但較忙，忙得不得了、有權，有威儀，加化權，主握有實權，好勝心強、喜表現指揮別人、個性倔將固執。（落陷無此現象）想要有一番作為，故在職人員會展露才華，志在升遷，或任職不久，改行換業，另謀出路，或自行創業，爭取出頭的機會。

太陽星七句詩籤

太陽星為官祿主，女命強勢奪夫權，不利父夫子親和。不要固執鬧紛爭。
太陽中天主官祿，陽火父夫主權貴，日生吉享夜較嫌，卯辰已宮身為旺，
午入廟吉未申衰，先勤後惰無始終，酉戌亥子該失輝，是非辛勞費心機，
如逢沖破眼心傷，祿存台輔喜來會，可增功輝發聲名，性剛好動有善心，
剛直爽約有氣概，左右昌曲魁鉞會，陰存守照一五九，文武全才貴公卿，
六庚生人命坐卯，第一廟旺六壬次，若坐亥申便減福，雖發不久難求全，
終身富貴朝廟旺，落陷權祿也多磨，子宮落陷午宮旺，丁已生人有才官，
壬丙戊人悔吝半，卯位為旺酉和平，己辛壬人也有祿，甲庚之人有勞困，

太陽二限逢會得，添財進業有福祿，婚姻美滿有聲名，仕宦高昇坐廟旺，
太陽守陷弊多般，陷地惡殺不宜侵，加忌逢兇多阻滯，橫事破災多奔波，
命宮守照陽權祿，魁昌左右來相輔，更無兇星來破害，富貴雙全比石祟，
日月丑未命中逢，三方無會福難豐，雖有吉星亦有嫌，遇逢殺湊多操勞，
失陷太陽居反背，化忌逢之阻塞多，又遭橫忌破家財，命強化祿尤可解，
太陽正照婦人身，姿容殊常性格貞，更有吉星同主照，金冠封贈貴夫人，
太陽安命有才能，陷地之時防殺侵，作事沉吟多退思，辛勞度日亦可慶，
太陽反照主心忙，衣祿平常福不長，刑剋良人還剋子，多作公益可解厄。

太陽入官祿宮，為歸正位

化權成就輝煌，財旺名氣也響叮噹，別人亦對其羨慕欽仰。太陽化權雄心萬丈，利於學術界光明事業，可財名兼得，旺地逢煞，略有波折，或增其勞碌而已。

故喜化權掌有實權，為權威之星

太陽本身是熱能星座，如化權，則凡事均採積極主動，而威儀受人傾仰，但較忙，忙得不得了，必然會有應酬廣闊的能力，故宜武職，有權。陷地多是非

也，即廟旺時有十足的權威，但落陷雖本身有才華，但易遭挫折或誹榜之事。

廟旺會吉，有將軍之材

落陷，較多是非及小人破害。於財來講，則越動越遂心財富越大，落陷雖能賺錢，有破耗或拖延較辛苦，事業有突來之威權。

太陽化權在廟旺，卯，辰，巳，午化權

受人欽仰，威風八面，為人有威儀，正派，惜剛愎自用主觀太強，在陷地，戌，亥，子，自卑感太重，但表面上仍裝出很有尊嚴，最忌在子地化權，胸無實學，又裝出飽學之態虛無實才。

太陽化權，文武皆貴

掌大權，升遷快，人緣特佳，得相助，唯獨個性強烈，有急躁之現象。大限十年事業發達，流年一年如意快樂。

武曲星七句詩籤

武曲：為正財星、又為寡宿，忌入夫妻宮。

北斗六星辛武曲，財祿將星主剛毅，性剛心直氣寬宏，甲乙生人多福厚，

昌曲同行朝廟旺，將相武職政商好，多學多能學識高，會遇貪狼人脈廣，

化吉方稱為上格，丙丁庚辛壬癸命，平和常宜尤可喜，府相梁月祿馬會，

東南西北皆通順，廉破羊忌六殺星，來會若還居陷位，破祖敗家道邊客，

子午宮旺天府到，丁己庚人有財祿，卯酉利益會七殺，乙辛生人亦可喜，

若遇沖會六殺星，多才多藝畢竟空，女人武曲命中逢，天府加之賢淑氣，

左右祿來相齊會，雙全富貴命非常，將星之名最剛強，女命逢之如丈夫，

衣祿豐富終有破，不宜過剛免受兇，大小限逢武曲星，若居廟旺主財興，

更有文昌左右臨，福祿雙全稱心懷，武曲運限遇化權，最利求謀事業成，

更遇吉星同會合，文武顯赫貴非常，武曲星情主財祿，公卿逢之刑傷事，

遇陷七殺沖煞照，官員此時慎驚懷。

壬干的四化是、武曲化忌

武曲星五行屬金屬財星，武曲財星是最怕化忌的一顆星。被視為財星是因為

它始終在紫微的財帛宮。

經商之人見武曲化忌主來財受阻

運限逢之常因莽撞或孤注一擲的投資，造成損財運轉失靈而困擾多起。逢煞沖則要注意財務方面的運用。

武曲化忌則表示有財務是非的糾紛

也有經濟之虞、武曲坐命之人體魄強健，眼神堅毅慈和，聲調有力，動作敏捷，活動力強，凡事操心，重視秩序整潔，舉止沉穩威嚴。精力過人，日以繼夜佼佼進腦汁思索如何生財。眾星眾生皆汲汲營生之道。

武曲星卻是其中之最

並且樂此不疲，陶醉其中。凡剛烈之星，蓋剛烈必同時帶孤克之性。所以推斷武曲在命盤中的吉凶，常因宮垣不同而評價不同。

武曲對四化十分敏感

吉凶之暗示力倍增。武曲化祿，必富，經商發達，財運大發，女命為經濟長才。

武曲化權，性格獨斷，固執

喜掌大權，武市或武職都是很好發揮，從商財運亨通。

武曲化科，容易成名

利於文職，財運不錯*武曲化忌*幼時體弱多病此人有些神經質，一生多是非，因財起糾紛，事業金錢方面要謹慎，再遇凶煞，有意外的災厄多作公益可解。

武曲化忌亦不利健康

主手術，會合星曜不佳時，則為瘤腫。有帶虛耗性的雜曜會合，且見刑煞，則有時表徵為病症，由於武曲化忌有決折的特性，因此又可視之為脫牙，牙痛的表徵。

*武曲入十二宮守*武曲居子午宮旺地，武曲天府同宮*

丁己庚生人，財官雙美。以天府星情為主。圓方臉，黃白色，眉清目秀，身體中等偏高，微胖，壯實。事業宜財經金融、經商、外科醫生等。

武府同宮，上等格局

天府的溫和能中和武曲的剛烈魯莽和孤克性，武曲善生財，天府善守財，既能生財又擅理財，多為主管人員；尤喜武曲化祿，三方有見亦可，主有大的經營生財能力。

武曲尤其忌諱空劫同度

急躁，言行不一，虛榮心強，喜掌權。無遇六煞星，一生事業順遂，食祿無憂，生活安定。

武曲加會吉星，文武兼備

能創大業權高位重，政商人脈關係好，六親緣好。加祿馬，可經商發達擴展宏圖。加魁鉞，無會煞星為財經稅務的長才，有會煞星不可投機亂投資會增加困擾。

武曲加左右助力大

貴人多政商人脈好顯爵掌主權。

武曲加昌曲增聰明智慧才藝能力通達

如逢兇煞星，則孤獨刑剋，為富不仁，奸詐，專牛角尖不正道。吉兇混雜，外表溫良，內心奸詐多作公益可解。

武曲逢化權祿

高官厚祿事業發展快人脈好貴人多。

武曲逢化忌

有會天府兇厄會緩解也要注意理財方面的問題。

武曲如再加煞要為反叛格局

投機險詐大好大壞一戰成名也會一夕慘敗，易有傷亡悔恨重叛親離多作公益可解。

武曲怕逢空劫
破祖敗家事業不遂，財物破耗或被劫多作公益可解其厄。

武府亦宜女命
聰明能幹，再會吉星必有富貴幸福。

武曲加會煞星
蠻不講理囉嗦早婚較不圓滿。

武曲在子宮
有壽福分大剛柔相濟，文武全才，推理能力強，擅長經營生產財經方面。

武曲在午宮
成器之金，要經過磨鍊光明財經會功名顯達，地位高昇人脈好。

武曲丑未宮為入廟
武貪同宮，戊辛生人大貴，財官格。武曲星情占六成，貪狼星情占四成。圓

方臉，或長方臉，青白或青黃色，眉骨高露，中高身材，聲音雄壯有力。

武曲因三方多為性質強烈之星

創造力勁足，積極進取，權欲心重人脈廣闊。

武曲會煞星則為野心大

損人利已而奸詐，自私自歷不得人心，性情剛強，有勇有謀，處事圓滑，積極勤快，果斷，有魄力，喜速戰速決，喜偏門發展，離鄉發展或從武市行業或軍職能發揮長才受到大眾的懇定多作公益可增福分。

武曲逢紫府祿魁鉞輔弼昌曲日月

守拱照會夾必大富大貴；與祿馬交馳，則發財於遠鄉。

魁鉞對宮或夾

事業多機遇，精通財稅投資方面；運限遇科權祿則顯達。昌曲同宮，從武轉文，可為政治活動家人脈交際好。

武曲天府文曲同宮

戊己辛年生人再遇火鈴守照，為將相之才，名譽顯揚，運限逢之宜防水災。

*最喜火鈴同守*為火貪、鈴貪格*

到異地發展較好，發意外之財（此格意外的收益仍屬正當，與橫財之來路不正有別，財經方面有長才）。

武曲無會羊陀化忌來破格局

可外方發展武市武職可榮顯。

武曲加吉化吉更為上格

逢化祿始主財祿豐盛，逢左右魁鉞主貴；戊己庚辛年生人貴，癸年生人暴發戶要有耐性。

武曲加會羊陀忌星

為破格而變為投機曉倖野心，橫發橫破，多為百工技藝之人，勞碌漂泊，為福不全宜多作公益。

武曲加會擎羊

男孤女寡；無吉有煞主起伏不定，會迷花戀酒及為財利而奔忙。

武曲化忌加羊刑馬

意外傷災固執頑性不納人言，一時橫發也不能持久。

武曲喜逢武貪化祿

為良好的格局。貪狼化祿，官宮紫殺必會祿存，氣勢大，財祿豐盛在交際應酬中獲良機，丑宮較佳。

官祿宮紫殺亦有會陀羅

事業心重，喜弄權，雖富貴而奸詐多災。

逢武曲化權或化科

均成祿權科佳會，但亦必會羊陀，經過競爭和努力，可掌實權，聲勢顯赫。

天相逢梁忌夾或羊陀夾

富貴不及子午宮，無六吉則宜屈居次要職位，逢煞忌重之運限年不要妄動；

逢化科較佳。

武貪丑未同宮

「武貪同行格」，威鎮邊夷出外發展宏圖。日月必在兩側相夾，故又為謂「日月夾命格」日月如不失陷，如日寅月子夾丑，是橫發之格。

武貪加會吉星

文武皆能，財官雙美，日月失陷反背，如日申月午夾未，虛名虛利不貴，即使有富貴，亦必須經艱苦奮鬥才能獲得成功，或富貴不能持久，加吉則好些。加煞更辛勞而事業難遂。

武貪丑宮，日月旺夾，名利雙收

丑年生人，從武市武職可發達立戰功。未宮日月反背，富貴力不足，虛名虛利，但錢財不缺。

*未年生人，從武立戰功*丑宮甲年生人，未宮庚年生人*

「坐貴向貴格」（魁鉞在命遷線），三方再有科權祿者，更為上格。

女人則為潑辣蠻悍之性

會有點神經質，度量小吝嗇，言語虛詐，貪得無厭，大方時有個人目的；無煞有吉富貴；加羊陀空劫忌，刑剋較重。

寅申宮得地，甲丁己庚生人

加吉財官格。寅宮較申宮好。以天相星情為主。圓型偏長臉，青白或黃白色，顴骨稍高，中等身材，或高大而胖。

武相同宮，武曲性剛，天相性柔

外剛內柔，金水相生，智勇雙全，多學多能，個性溫良厚重，處事圓融，富有正義感和人情味，樂於助人，聰明好學，有謀略，反應快，處事謹慎，不喜張揚，喜做公益，事業心強，能有一技之長，擅經商理財，大多同時兼營二種以上行業、職業。

逢吉星可富貴。逢昌曲，聰明巧藝

出將入相（意為由武職變文職），再加煞僅有小聰明而多手藝；與文曲單星同度，更見桃花，主人輕浮，不安本業投機曉倖心重。

喜逢祿存天馬

有創勁，發展於遠鄉，多為富商，會吉更佳；逢化忌仍可為技術人員，逢空星則破格，吉處藏兇，先發後破。逢化祿，格局良好，先打工後自立致富，名利雙收。逢煞星不吉，尤怕空劫忌陀等星，財務糾紛，破財或被詐騙，甚則為財而冒險。

火鈴同宮主殘疾

易有財務糾紛；四煞同會因財被劫；加會羊陀，易有官司刑杖，且為人很主觀不納人言。

最怕武曲化忌

羊陀夾、火鈴相夾和刑忌夾，邪僻，官災刑傷殘疾。宜為服務業，不宜獨擋一面和作第一把手，可從事外銷、顧問、技藝、行政工作等；對宮有破軍帶煞來沖之時大被利用完就沒了。

逢武曲化權或化科

均成祿權科會，聲勢顯赫，但天相逢梁忌夾或羊陀夾，富貴不及子午宮，無六吉則宜屈居次要職位，逢煞忌重之限年不可妄動；逢化科較能掌實權昇遷發財。

甲己庚癸年生人，加會左右並昌曲

職掌威權，無破可為高位人脈交際好。甲年生人，逢化祿權科三奇佳會，祿馬交馳，極品之貴。庚年生人，權祿重逢，祿馬交馳，發財於遠鄉。

己年生人武曲化祿，財旺大富

女命，善良純正，有生意經營能力，經商發財，或從事會計工作，無煞為貴婦命貴人多人脈好。加吉守照不輸男人。加煞忌，神經質，羊陀同宮較為狡詐虛偽。

紫府朝垣格

寅宮安命，午戌二宮紫府來朝；申宮安命，子辰二宮紫府來朝；為人君訪臣之象。

甲年生人，科權祿並祿存來會合

無煞破，極品之貴命。破軍在寅或申對照者，亦為上格。無吉則平常。加四煞，更平常且多病災。

*卯酉宮利益*乙辛生人財官格*

甲生人福不耐久。以七殺星情為主。馬臉，青白或黃白色，眼較小，眉毛較濃，顴骨高，卯宮肥胖，酉宮高大。宜從武、外銷、外科醫生、屠宰。最宜選擇帶金屬利器和強體力勞動的工作，平時亦宜多運動，來化解其煞氣。

剛毅、果斷勇敢*司掌財賦之星

武曲為財星、將星、寡宿星（女命較辛勞），武曲居子午為武府坐命，雙財星同臨（武曲、天府均是財祿之星曜），具領導管理能力，也是經商能手，財經長才，掌權柄，可成就大事業，為老板、主管格局，會六吉星尤佳，主富貴又長壽。女命剛強、能幹、獨立，也是女企業家格局。

武府居子午，若與祿存星同宮

加逢六吉星，財官雙美，為鉅富之格，逢煞減分，較辛勞，事業有成就。命坐子位比午佳，因天府居子為入廟獨當一面判斷能力果斷。

武殺同宮

武曲主孤，七殺主肅殺，二星均屬金，過於剛硬。個性剛強有膽識，聰敏有謀，坦率正直喜創新，辦事幹勁足，很果斷幹脆，斬釘截鐵，效率高；但固執頑固，獨斷專行，不愛講話，古怪急躁，好勝心強，好爭鬥，野心和欲望很大，僥幸心強，喜投機冒險，為達目的會死拼到底，六親緣薄，一生動蕩起伏，出外發展，注意刑傷破敗見吉星亦必歷艱辛而成功。須有六吉祿存化祿守照才能順遂而富貴橫發，否則因孤立無援而辛勞。加四煞，奸邪浮蕩，魯莽暴躁，幼時體弱多病，血光傷殘，宜注意壓傷或觸電，甚則有傷身之禍、多災劫；四煞混雜更兇。

武殺火鈴同宮

因財被劫「加會火鈴，有錢財糾紛」。加擎羊兼火或鈴，逢化忌之年防官非口舌獄災。

武曲七殺會擎羊

財星持刀命局逢，限年到此，易因財務糾紛而有持刀打鬥之象，或有肢體傷殘；再加化忌或它煞更兇；加白虎定有刑災傷禍。

武殺酉宮守命

遇庚流年，流羊同度，亦有此象。加擎羊並天刑，為保鏢或流氓。本宮有煞，不宜軍警及危險性大的工作，易有意外災傷多作公益；本宮無煞，三方有煞，則宜武市或軍警。逢化祿，必會羊陀，財宮貪狼化權，組合強烈管理能力很強，善把握機遇，權高祿重。

武曲居子午

武府坐命，雙財星同臨（武曲、天府均是財祿之星曜），具領導管理能力，也是經商能手，財經要員掌權威，可成就大事業，為老板、主管格局，會六吉星尤佳，主富貴又長壽政商關係好。

女命剛強、能幹、獨立，也是女企業家的格局。

武府居子午，若與祿存星同宮，加逢六吉星，財官雙美，為鉅富之格，逢煞減分，較辛勞。

逢化權，必會羊陀，事業雖然不錯，亦易因事業發財，但喜弄權，防官司和災病，

女命婚姻不利

逢化科必會羊陀，亦為科權祿的好格局，剛柔相濟，競爭得益，但不利六親。

逢武曲化忌

性情暴躁，行為過於激烈，多挫折破敗，且過剛易折，易有骨折手術牙病，意外不測之災，易有肺癌腸癌或車禍等，加煞更兇。

武曲在卯宮

因重金克木宮，敢愛敢恨，浪蕩，外鄉發展易因財惹禍；與惡煞刑忌破廉聚會，防破財損失，且有木壓電雷擊之厄主意外不測之災；加煞多為意外災厄。

武曲在酉宮

二金星入金宮，更剛硬，過剛易折，多災傷。女命性剛，有男子氣，婚姻多波折強勢不納言；加羊陀雜亂囉嗦。

武曲辰戌宮入廟

甲己生人財官格。辰宮，癸庚生人富貴，甲生人富；戌宮，甲生人富貴，己生人大富。辰宮辰年生人，戌宮戌年生人，從武市武職可立功。圓方臉，青白或青黃色，頭發卷曲，眉毛較濃，身材中等或瘦長，壯實。宜公職、財經、企業、技術。

武曲入辰戌天羅地網之地

土生金，剛克性受到抑制而反吉，性格直爽，聰明多能，溫良厚重，有魄力，肯努力打拼，但做事缺恒心，多學少精，大器晚成，中年後發達。加六吉星有威名，橫發橫成。

加昌曲，文武全才

無煞出將入相，政商關係好。

加魁鉞

無煞為財稅長才貴人提拔的機遇。

再加羊陀則橫發橫破

逢四煞，財務糾紛多，錢財損失多作公益。

見羊陀
幼時體弱多病較坎坷多病傷。

加陀羅
貪得無厭，欺瞞狡詐搶劫不務正業。

逢空劫火鈴
叛逆性頑兇暴，聰明投機起巧成敗多端。

昌陀鈴會齊
大發大破背恩偏邪不正。
女命，因七殺在夫妻宮，經常獨守空房，刑克或離異，加煞沖照刑克更重，多波折，婚姻紛擾不順。

逢化科
亦為科權祿的好格局，但開創力不足，難有大發展。對宮貪狼，逢火鈴，無

它煞武職崢嶸晚發。

若加羊陀並化忌

投機曉倖心重多災劫被反叛。

將星得地格

武曲坐命，辰戌丑未生人，安命辰戌丑未宮，即是。辰戌安命，為上格；丑未安命較次。若不在辰戌丑未更次。亦須見權祿左右昌曲魁鉞等吉星，則富貴顯赫而持久。訣曰：「武曲廟垣，威名顯赫。」

武曲居戍亥，最怕太陰逢貪狼

武曲在戍亥守命，三方見太陰貪狼，化忌加煞，不吉，定主少年不利，破敗多災。若見火貪鈴貪沖照多作公益亦主一方。

巳亥宮和平，壬戊生人財官格。武曲入閑宮。長圓或圓方臉，青白或青黃色，眼大眉斜，粗壯。宜財經、文藝、樂器、技藝、經商。

武破同宮，武曲剛烈孤剋

破軍奔波破耗，兩者同宮故為精神空虛，雖剛強果斷，但易受挫折，為挫折和家庭變故而苦惱。個性變得更剛烈暴躁，較會浪費，愛面子，會出點子，言語浮誇，脾氣古怪不合群，眾叛親離是非多，好勝不服輸，膽大妄為一意孤行，聽不進別人的意見，喜冒險投機，註重眼前利益，做事欠思慮和長遠計劃，情緒化易沖動，離鄉出外白手成家，漂泊勞碌成敗多端，中晚年較好。正所謂「武破相遇難顯貴」，逢吉星，積極進取則晚年可有小成。

會魁鉞，為財經稅務之特長

加化權更驗，逢魁鉞對宮或夾亦是。

*加會左右，助力大，減少辛勞；*加昌曲，刑克多勞碌，為清高、人加會文昌主勞碌，加會文曲主幽靜，聰明巧藝及專長，宜向文教技藝發展。

武破昌曲四星會齊於命身二一地

廟旺無煞可富，陷地有傾敗之象。

加會煞刑忌

奸詐，受打擊和挫折更甚，一生財來財去，財到手而成空，宜手藝安身。

最忌火鈴同宮

奔波勞碌，破祖敗業難顯貴，還防官訟是非。

逢羊陀，傷災殘疾

*加陀羅，詭詐虛偽，欺詐搶劫，不傷殘則刑災；

*見化忌，常因決策錯誤而失敗；

*逢空劫，破敗貧困，宜宗教信仰；

*逢煞加忌，注意意外傷害。

武曲化祿，官宮貪狼化權

開創力很強，也肯打拼，唯有財運跟不上。

命宮若加陀羅則身體不利

易因身體或婚姻關系而破財。

破軍化祿，必會煞

官宮貪狼化忌，一生較多挫折，中年後挫折尤其，變動多又不理想，缺乏助力，異常勞心勞力較辛勞。

破軍化權，三方會羊陀

財宮廉貞化祿，擅理財生財，經商野心大而過於勞累，宜服務業因父母宮化忌則與上司關系差。

武曲化權，必會羊陀

變動很大，減弱理財能力，較宜飲食服務業，本宮無煞亦可軍警武市，帶煞可為外科、雞鴨魚肉業。

無煞忌而見祿存化祿

加會六吉、或化權且會左右時，能適應各種環境而能開創局面，有成就，尤其是逢亂世更能靠投機取巧、渾水摸魚而發跡。

逢祿、馬，也能發財於遠鄉

機巧精靈人脈關係好。

在亥，人緣較好，少年不利

多是非動蕩，加煞為技藝之人，過路財神大財難聚；癸年生人，可發跡，但一生多坎坷，是非官司多作公益。在巳宮，性多疑，喜投機，多漂泊，東傾西敗，奢侈浪費多作公益可解。

加煞，以技藝為生，財來財去

女命，性剛孤克，能幹，職業婦女，事業心重六親較疏，婚姻多爭論不完美。加煞暴躁，執頑不納人言夫妻聚少離多。

庚干的四化是，天同化忌

天同屬水，南斗司福之神，為福德宮之主宰，天同所影響的，主要來自於情緒，情感方面的問題。天同是調和之星，一化忌就是失衡，心情起伏不定。將此性質引伸，則亦可表徵為感情方面的傷害，例如遭好朋友反叛，或知已者反而有所誤會，這種心情，非當局者很難體會。

天同南斗益算保生之星

化祿為善，逢吉為祥，身命值之主為人謙遜，稟性溫和，心慈鯁直，文墨精通，有奇志無凶激，不忌七殺相侵，不畏諸凶同度，十二宮中皆為福論。

天同之稱為福星

最基本的性質，是由無到有。出外發展白手興家。若化為忌星時，過程卻特別多波折，尤多內心的自擾。

天同化忌喜鑽牛角尖作事不積急

主要在於精神，因此最不喜居於福德宮。若地空地劫同會時，天同化忌反象徵其人有個人的獨特人生觀，許多想法雖不為人理解，可是當局者卻能自得其樂。

天同又為感情的星曜

化忌後，常主感情發生困擾。陷於苦戀，畸戀，當事人往往無法自拔。

夫妻宮有天同化忌

好姻緣的表徵，或則是精神上的空虛與苦悶。夫妻之間心靈，肉體都不協調，較不對調不平衡。但說也奇怪，這些外人不見得看得出來，是成為一種說不出，無法訴說的困煩。

天同常會見到太陰

或者巨門，一個增加內心的情緒變化，一個是增加暗昧不明，兩者都令天同化忌更加苦悶，更不用談有煞星同會。

天同天梁稍好，天同為福，天梁為蔭

福蔭相遇，不怕凶危天梁可化天同之壞習慣。

天同星福德主，為福星，解厄延壽

不喜歡變動之個性，平易近人，與人為善，知足常樂。其缺點，女命感情較盲目，男命喜平穩懶散較無鬥志，因天同屬水也帶點桃花性質，其個性對感情問題較放不開，所以為感情付出多，波折困擾也多。

命坐天同之人

在精神感情上較有空虛感，喜向外尋求新事物填補，有時太過熱情，容易與朋友產生感情間紛擾，女性也也感情方面的問題。尤須慎重。天同也重享受，喜悠閒，因此也容易發福之相。

天同化忌若與祿存同度

于六親宮垣更為不宜，常表現為與六親因利而反目。

若天同化忌于父母宮

見火鈴，出外離鄉發展成富，與父母較無緣大都分隔兩地。

天同星七句詩籤

天同：福星、壽星。

天同壬水南四星，延壽福祿有蔭護，肥滿清明直仁慈，天梁加會左右來，

丙人安命己亥酉，才官雙美福齊人，未宮次之午落陷，更遇羊陀火鈴忌，

孤單破相心目傷，申寅天梁同宮會，乙甲丁人有福厚，女命會吉極賢能，

天同坐命性隨和，福祿悠悠福分長，若是福人居廟旺，定是食祿名傳揚，

天同如逢吉星來，性溫巧妙百事通，男子定然食天祿，女人樂守貴家中，

天同守命若入陷，火陀六殺更為兇，機梁月祿來相會，道佛之中一名師，

天同守命婦人身，性通伶俐更聰明，昌曲如能相逢會，福壽才祿自天降，

天同太陰若會得，女命逢之如芙蓉，衣祿雖豐欠完美，婚姻感情多困擾，

大小二限逢天同，喜氣盈門萬事欣，增產資財更豐隆，家道有如帝王宮，

天同運限無吉會，限運尤忌煞來傷，作事美中不為全，須防官非厄爭論。

天同擎羊居午位

為馬頭帶箭，在外發展也可成就大將鎮疆邊武市發展也可。

福星居午與有太陰星同宮，落陷地主飄泊起伏不定，逢擎羊（殺星、將星）同宮，遠方發展，例如，丙年生人天同化祿入命，事業宮天梁天機星化權，戊年生人擎羊入命宮，有太陰化權且有雙祿前後夾助，制擎羊煞星為用有權有勢政商關係好，從事武市職可顯榮或開創新機運都有功成名就，又名「馬頭帶箭格」，若無吉曜來扶助，則多有刑傷災劫起伏不定。

天同戌位逢化權

丁年生人，反為佳。

天同居地網宮本受困（辰為天羅，戌為地網，天羅地網喜沖開），但丁年生人，有巨門化忌對沖，因三合逢科祿權三奇嘉會，又有天魁天鉞夾命宮，是為奇格，大多白手起家自立創業，有突破性的成就，雖早年辛苦些，至中晚年榮貴，此格利於男命，女命則較辛苦勞碌。

命坐寅申位，最喜天同會天梁

書云：「福蔭會聚，不怕凶危。」同梁會於寅申旺地，逢吉助富貴顯揚，若無吉星有煞星則較為勞心勞力，仍享食祿安祥，

立命寅宮，以己年生人天梁化科，祿存及天鉞朝合，丁年生人三奇嘉會及祿存拱合為上格，唯婚姻較不美滿聚少離多。

壬年生人天梁化祿入命，亥位有祿存來暗合亦主富貴，若丙年生人居申位逢「明祿暗祿格」，丁年生人為科祿權「三奇嘉會格」，己年生人天梁蔭星化科入命，魁鉞會合均主吉利。

福星居於官祿位欠耐力

事業宮若逢天同福星單守，即使逢吉亦欠缺激發力，無多大發展，適宜安守祖業，如立命於未，無主星日月對宮朝照加吉星，財宮有巨門天機，事業宮福星（天同），祖先蔭護也以吉論，例如：巨門在亥立命，太陽在巳對照較佳，事業宮有天同星，此格亦佳（明日驅暗格）天同屬於受蔭護比較享福之星。

善福坐於空位，天竺天涯

天竺意指五術之流，如人命身二宮得天機之善星及天同福星，而命逢空亡星守照，無吉星來扶助，大多為五術神道之流，若會吉星較能發展，服務於宮廟道務之中，或歸隱林泉大師聚山悟道高真之人。此格之人。

女命天同必是賢，唯婚姻難兩全

福星主靜守與安享，故女命得之必賢淑，但不喜巳亥及酉宮立命，雖有吉亦美中不足聚少離多，丑未宮同巨坐守多刑剋，喜甲年生人立命寅位，逢祿存同度，亥位化祿暗合，辛年生人立命卯宮，祿存在對宮朝照，財宮逢巨門化祿亦吉。

若子位立命，以丁年生人科祿權三奇嘉會及癸年生人祿存同宮均甚佳，但立命丑位有巨門暗星同宮，又癸年生人擎羊入命，但巨門星化權，並暗合子位之祿存星，早年勞心打拼晚年尚能享清福，唯女命婚姻較不美滿。

天同太陰居陷宮，加煞忌羸黄技藝

羸黄係指骨瘦困弱有痼疾之意，如二星在午宮立命為陷地，無吉曜加煞星入命身，或分處命身二宮，例如，天同在酉太陰居卯（陷宮），加煞或有忌星，多有技藝安身交際行業也能展現政商關係好，早年漂泊辛勞，並有隱疾在身，女命首重福德，若福德宮不佳或有桃花星坐守，感情婚姻不完美多情多怨。

天同會吉曜，壽元長

天同為福德主，也是解厄益壽延年之星，會吉曜指逢天梁天機星，此三星為福、蔭、善之宿，有保生延壽之功。若入命，或三合見之，有吉無逢煞忌之星，主福蔭好，即使逢煞會合，主多病災少年享福過多，體弱不從心，流限逢之亦同論。

子羽才能彰顯懷才不遇，巨陽同梁沖且合

子羽為孔子之門生，很有才華，意指立命申位，對宮有太陽巨門來照，財帛宮逢天機天梁星，事業宮有太陰天同星，主才華橫溢。若立命寅位無主星，巨門太陽在申落陷來朝，逢吉星，雖亦有富貴，但落陷地才華無法彰顯為懷才不遇無貴人提拔，此格居旺地加天刑同宮，有法官、律師、醫師、教師之格局，落陷地多為江湖九流術士也能小富。

天同文曲逢，有始無終，煙消雲散

天同獨守命宮逢文曲星，雖具才藝，却有「煙消雲散格」之稱，主其人處事，常會虎頭蛇尾，無法持續專注，吉處藏凶雖發不久，成敗起伏不一，行限逢之亦同論斷。

天同居子午

天同是福德主，解厄延壽，女命感情較盲目，男命懶散無鬥志，尤其天同屬水帶桃花性質，其個性對感情問題較放不開，在精神感情上較空虛，喜向外尋求新事物填補。

天同居子午

必和太陰同宮，為「水澄桂萼格」或「月生滄海格」男命個子高俊帥氣，女命貌美多情，我通稱「帥哥美女格」。

既然是帥哥美女，一生行運必定起起伏伏，才能在生命裡刻劃下斑駁的色彩。

坎坷起伏。

天同女命逢，感情路多波折

天同為福星，其人心軟性慈，對婚姻感情甚不利，常盲目的追尋，有放不下的感情債，常為愛情付出犧牲，因此天同女命即使衣祿豐足無缺，但婚姻卻較為坎坷起伏。

若天同、太陰星落入田宅宮

亦為「月生滄海格」，房產豐盛，富足之人。

*月生滄海格註解：月即太陰星，子位為水宮，太陰、天同五行亦屬水，兩顆「水星」居「水宮」，猶如汪洋大海，故稱之，此格之人有急智、多情、人緣佳、公關良好，異性緣濃，唯婚姻不甚理想，性喜自由自在、無拘無束的生活。

水澄桂蕚格

太微賦：「太陰居子，號曰水澄桂蕚，得忠諫之材，圓滿通達。」亦指在子夜裡，一輪皎潔明月與清澈的水面相互輝映，讓人感覺沉靜、安逸、俊秀，如為臣（人緣好到處受歡迎）則忠直清顯，是最佳輔弼人才。

大地澄淨之水及天上皎白之明月，倒影映出月亮裏桂樹的花萼，仿如八月桂花飄香，讓人心懭神怡，此格之男命俊美，女命秀麗。

＊馬頭帶箭格＊

天同加擎羊或貪狼星加擎羊或火星加擎羊在「午」安命，均稱為馬頭帶箭格，命宮落入午位，午生肖代表「馬」，又午的位置屬於「頭」部，擎羊星為刀劍（箭），此格之人宜外出遠地發展，也適合軍警武職工作或金屬、機械之行業，書云：此格之人「威震邊疆」遠方發達、「威權出眾」，意指若逢吉星相扶，經一番堅苦奮鬥後，會出人頭地，有所成就，若逢煞忌則刑傷凶剋不免，其成就較低。

廉貞星格局

廉貞是顆多變化的星曜，也是福禍之星、為次桃花星（入命身）；也主官祿（入官祿宮，為事業主），亦主囚（刑訟星），主殺（有權威），五鬼星（有感力）廉貞子午位，必與天相星同宮（天相能制廉貞之惡），為人聰明機警，謹言慎行，處世公正，思考細膩，做事有原則，官祿宮武曲星，工作有果斷力，能突破困難，在財帛宮紫微、天府星，無論任職或創業，均有卓越表現。

*司品秩掌權令*禍福不明之神*廉貞星*

廉貞是顆多變化的星曜，也是福禍之星、為次桃花星（入命身）、也主官祿（入官祿宮，為事業主），亦主囚（刑訟星）、主殺（有權威）、五鬼星（有感力），廉貞子午位，必與天相星同宮（天相能制廉貞之惡），為人聰明機警，謹言慎行，處世公正，思考細膩，做事有原則，官祿宮武曲星，工作有決斷力，能突破困難，財帛宮紫微、天府星，無論任職或創業，均有卓越表現。

廉貞天相會左輔、右弼執掌大權

喜逢祿存主富貴，最忌與擎羊星同宮，為「刑囚夾印格」，多刑傷、訟爭、是非。

廉貞天相在子位，天相星的特性較重。在午位，較有廉貞星的特性，人緣好易有桃花問題。廉相坐命之人，講究體面高雅清貴。

廉貞星七句詩籤

廉貞星性主桃花，官祿主。廉貞為陰星故不化權。

廉貞北斗第三星，丁火赤紅次桃花，府相左右權祿存，昌曲七殺可立功，

廟旺富貴可揚名，陷弱之位該不利，貞潔淫邪看旺休，此是廉貞真口訣，

未申祿吉多富貴，外宮羊陀火忌沖，定主身上有個疾，剛烈機巧人清秀，

巳亥陷地尤不利，甲己丙戊難作為，廉貞守命亦非常，賦藝巍巍志氣強，

革故鼎新大作為，為官清高顯香芬，廉貞入命陷困宮，貪破羊火六殺來，

縱有才能尤奸滑，狡詐兇頑不正道，廉貞落陷入命宮，吉曜相逢也有兇，

腰足災傷多災厄，更加惡殺人拖磨，女人身命值廉貞，內政清風格局新，

諸吉拱照無殺破，富貴夫人定是依，廉貞貪破曲相逢，陀火六殺交加纏，夫妻難融紛爭多，廉貞入限旺宮來，喜逢吉曜福駢臻，財物自然多有積，仕人得位步高昇，大小二限逢廉貞，若遇刑忌沖破局，膿血兇災多厄難，破軍貪殺赴幽州。

*廉貞司品秩掌權令*禍福不明之神*

廉貞是顆多變化的星曜，也是福禍之星、為次桃花星廉貞（入命身）、也主官祿（入官祿宮，為事業主），亦主囚（刑訟星）、主殺（有權威）、五鬼星（有感力）。

廉貞子午位

必與天相星同宮（天相能制廉貞之惡），為人聰明機警，謹言慎行，處世公正，思考細膩，做事有原則，官祿宮武曲星，工作有決斷力，能突破困難，財帛宮紫微、天府星，無論任職或創業，均有卓越表現政商關係好人脈廣擴。

廉貞天相會左輔

右弼執掌大權，逢祿存主富貴，最忌與擎羊星同宮，為「刑囚夾印格」，多刑傷、訟爭、是非。

廉貞天相在子位

天相星的特性較重。在午位，較有廉貞星的特性，也易犯桃花。廉相坐命之人，講究衣食，也重體面。

廉貞天相會左輔、右弼執掌大權

逢祿存主富貴，最忌與擎羊星同宮，為「刑囚夾印格」，訟爭是非多刑傷。廉貞天相在子位，天相星得位較能發揮特性較穩重。在午位，較會顯出廉貞星的特性，廉相坐命之人，講究衣食品味高尚貴氣重體面。

【夫妻宮】貪狼桃花星坐守*

異性緣較濃容易桃花生情，選擇對象眼光高瞻較會挑剔，婚姻不太平穩。

【財帛宮】紫微、天府南北斗主星入財宮*

善理財，財運佳，生活富足。逢左右更加豐盛，若逢四煞或空劫，花錢如水喜展風頭，財源有損。

【官祿宮】武曲、天府、紫微拱照命宮*

為主管老板之格，適公教職、軍警、金融、五金、財政會計、衣食娛樂或專業技術性之行業政商關係好。

【田宅宮】天同爲「福星」入田宅*

逢吉主有祖產；若逢煞忌辛苦後亦能白手起家。

【福德宮】七殺坐守做事積極*

一生較忙祿操勞，不得清閒，因七殺星性急、較有衝勁，會殺破狼企圖心強盛敢冒險投資賺錢快，如逢煞星較難成功。

【疾厄宮】天機五行屬木*

天機屬木注意肝臟，四肢筋骨車厄。因命坐廉貞天相也要小心泌尿系統、腎臟、心臟的問題。

＊刑囚夾印格＊

廉貞也為囚星，天相為印星，如與擎羊星（主刑殺）三星同坐命宮，天相印星受刑與囚星夾殺，較會有刑傷官訟是非之事，如逢丙年生人，廉貞星化忌，更要應謹慎小心，大小行運逢之亦然。

廉貞居申未無煞沖

為雄宿朝垣格，富貴聲揚。此格尤喜申未年生人立命，若加吉星會合，富貴政商關係好，申宮單守以甲年生人（廉貞化祿、祿存星落在對宮），為雙祿交流為上格外交口才加。

丙年生人廉貞化忌入命

感情多困擾，但有暗祿，仍平順富有。庚年生人，有祿存星入命，逢武曲化權於事業宮，權祿會合，早年辛苦晚年亦富有。

己年生人逢權祿及魁鉞亦吉，居未七殺星同座，戊年生人居丑未，有天魁天鉞二星朝照，貪狼化祿與紫微同宮在財帛也主富貴，適合武職或武市行業。

女命精明能幹「夫星拱手」

乙年生人有祿存及紫微化科入財宮，亦可富貴。甲年生人，雖有祿權會合，但有擎羊陀羅二星拱沖，較固執辛勞凡是自己參與凡事不放心。

廉貞七殺居廟旺，掌權積富之人

此二星在丑未宮同度，居未比丑佳，加吉亦更富貴政商關係好，若加煞多勞心，廉殺居於旺地，亦稱積富之人，會逐漸累積財富，積沙成塔中晚年富貴可期。

廉貞逢四煞，遭刑戮

廉貞又為「囚星」，逢羊陀火鈴四煞星或化忌，脾氣較衝撞急躁，多是非刑傷，再遇白虎、官符，爭訟難免，行運逢之同論多作公益可解其厄。縱有吉星來救，糾紛災劫難免，因此廉貞坐命，實不宜逢過多凶煞星為佳。

廉貞破軍火星居陷地，主意外災禍

囚星、耗星、火星同宮卯酉位，爆躁急性脾氣不佳，憂鬱情傷思想複雜，如無吉星來救主意外災禍，常有驚險事件。若分處命身坐守，亦同論多作公益可解此厄，其性較衝動魯莽，桀驁不馴，應多修身養性多參與公益以保安康。

文昌文曲逢廉貞居巳亥位，喪門損壽

三星在巳亥陷地守命，防刑傷意外之災，若居旺地仍有富貴享福命，唯晚年較孤寂，女命逢之較為貪慾桃花糾纏不清。

女命廉貞，有純陰貞潔之德

書云：「廉貞清白能守身」，係指女命居廟旺地，廉殺居未雖廟旺，但女命較為辛勞屬女強人女中丈夫，以甲年生人立命申位，有雙祿朝垣，壬年生人，立命亥位（祿存同宮）又稱「絕處逢生格」，有魁鉞在卯巳位來拱照，加祿存厚重之星入命，在寅位有天梁化祿來暗合（寅亥為暗合亦稱六合），大吉大利之格局。

癸年生人立命子位乃雙祿交馳

主富貴。若丁年生人安命巳位，雖有雙祿相夾助（太陰辰化祿，午位祿存），唯主星陷地，因有魁鉞來朝拱，女命晚年多享榮景。

若戊年生人，立命在巳位，雖有雙祿（貪狼化祿、祿存）入命，因落陷地，且廉貪二星皆主桃花異性濃，較不利感情婚姻的問題。

廉貞羊煞居官祿，恐牢獄官訟

廉貞囚星逢擎羊（刑星）及煞星於事業宮，慎防是非爭訟或牢獄之災，行限逢之亦然。

廉破卯酉加吉居高位，加煞為公門吏輩或巧藝人

廉貞、破軍二星同度於卯酉位，但如無煞有吉為高階主管之命，尤以戊年生人，雙祿朝命更佳政商關係好。

辛年生人，有祿存同度亦佳

居卯位，乙年生人祿存入命宮，紫微化科入財帛亦富有，卯酉二宮較忌庚年生人（有擎羊星同宮或對沖），較為不利多作公益可化解。

仲由威猛，廉貞入廟會將軍

仲由又名子路，為孔子門生，其性威猛剛直，此格以廉貞入命，甲年生人命坐午位，雙祿交馳（廉貞化祿，財宮坐祿存星），乙年生人坐亥位（祿存落入事業宮），丙戊年生人在酉宮（祿存入財宮），丁己年生人命在寅宮（祿存落入事業宮），庚年生人命坐子宮（祿存入財宮），辛年生人命坐巳宮（祿存入事業宮），壬年生人安命在卯宮（祿存入財宮），癸年生人命坐申宮（祿存入事業宮），然必廟旺，為威權將星，富貴名揚，陷地逢煞則較暴躁角頭大哥也可漂白多作公益更佳。

廉殺女命丑未逢，夫星拱手

在未宮比丑宮為吉（雄宿朝元格），女命聰慧靈巧，精明能幹，領導力強，其處事能力，尤勝過丈夫，具有女中強人不讓鬚眉之格局，故稱為「夫星拱手」，但身宮逢破軍星則較差些。此格以女命代夫行權，雖辛勞但有富貴命。

廉貞遇吉，外交之使

廉貞坐命三方會紫府左右或魁鉞或吉曜拱照，在外人緣佳，擅協調交際，為公關最佳人才，古代稱為「招安蠻夷使節」，現今為「公關外交之使」，可從事大眾傳播、演藝或外貿旅遊、觀光、業務行銷等行業政商關係好。

廉貞遇紫府，主掌權柄

紫武廉三合會，為領導統御強格，例如：廉貞坐命子午位，三方逢紫微天府再加左右，主掌權柄，在丑未寅申的雄宿朝垣格，逢吉星並左右相扶亦佳。

廉貞亦喜逢祿存坐命或入財帛，主富有，不宜逢凶煞加左右入各宮，均主較有桃花糾紛，廉貞星亦不宜逢祿忌，為情鎖、情困，其婚姻感情雜亂多困擾。

廉貞、白虎、煞忌沖，刑杖難逃

廉貞若逢化忌加官符星，或是流年遇白虎星，再者廉貞、擎羊、天刑星，流限逢之併疊，謹防爭訟官非，或牢獄災劫多作公益可解其厄。逢此格者，宜韜光養晦，修身養性，樂善好施可化災劫。

廉貞文昌遇，藝術才華

如人命宮有廉貞文昌星，未逢煞忌，則文武全能，通情達理，謙和略帶威嚴，擅演藝歌唱有特殊才華。

如：廉殺居丑未，廉相居子午，加昌曲逢吉助，多才多藝，亦有卓越成就政商關係好。

廉貞巳亥逢煞忌，注意意外災厄

廉貞貪狼於巳亥陷地坐命，幼運時較有驚險意外事件，喜逢祿馬來救可解危，逢煞星加化忌其刑傷災劫不免多作公益可解其災。

【司品秩掌權令*禍福不明之神】

廉貞星是顆多變化的星曜，也是福禍之星、（入命身）為次桃花星、也主官祿。

入官祿宮

廉貞亦主囚（刑訟星）、主殺（有權威）、五鬼星（有感應能力）。

廉貞在子午位

必與天相星同宮（天相能制廉貞之惡），為人聰明機警，謹言慎行，處世公正，思考細膩，做事有原則，在官祿宮會武曲星，工作有決斷力，能突破困難，財帛宮會紫微、天府星，無論任職或創業，均有卓越表現。

廉貞天相會左輔、右弼執掌大權

逢祿存主富貴，最忌與擎羊星同宮，為「刑囚夾印格」，多刑傷、訟爭、是非。

廉貞天相在子位

天相星的特性較重。在午位，較有廉貞星的特性，也易犯桃花。廉相坐命之人，講究衣食，也重體面。

天府是南斗第一星，為財帛及田宅主

又名祿庫，善積財而成名，管轄南斗其他七星，具有領導統禦才能，又司掌福權之星，所以具有先天貴氣。

天府星是顆聰明星

天府星人物外表厚重，是屬於外柔內剛型，聰明有毅力，敏感度高且具適應環境能力，善於排解糾紛。天府星是衣食之星，故主衣食無缺，內心權衡事理的角度常會異于他人，所以對於關鍵問題的執著度會讓人有小題大作的感覺。

天府星化科擅治理瑣碎事務

有計較利益的缺點，除了務實外，尚有現實的傾向事事照步來。

天府星在財帛宮之人

代表當事者的營財謀生的技藝、專長及方式，所以規劃大型企劃案、執行長效行的計畫案，往來交易金額相當大宗，也有擔任長期顧問之可能性，因為天府是為以高程度及內涵為本位而任職職場，所以學識、學歷及專業識能必然也高，收入自然不在話下。

天府星七句詩籤

天府：為祿庫之星。

天府戊土司令星，南斗延壽能解厄，司權才能名祿庫，掌宅財富比石崇，

有如帝座輔君王，制羊火鈴皆降伏，最怕空七陷孤獨，外柔內剛喜掌權，

高傲異常機能巧，紫昌左右曲祿存，魁鉞權祿居廟旺，高中上流並巨富，

羊陀火鈴來相會，奸滑性詐眼目高，亥卯未辰酉上見，甲庚之人富不貴，

天府之星守命宮，權祿吉星喜相隨，魁昌左右相和會，附鳳攀龍第一家，

火鈴羊陀三方會，巧口奸詐多勞祿，空劫同垣尤不佳，空門道上五術仙，
女人天府命身逢，性巧聰明花容樣，再得紫微三照位，金冠玉佩受褒封，
火鈴羊陀沖會合，性庸厚直多晦滯，六親相背難和融，佛道門中有芳名，
限臨天府司祿才，人命逢之多發福，添財進寶永無災，欣榮隨慾貴非常，
南斗星君入限運，謀事技能稱心懷，若還科權祿星臨，指日展輝獻大才。

天府星十二宮都無落陷

但須視天相廟陷定吉凶，即「逢府看相」，凡府相坐命之人，較重衣食體面。

天府雖不畏羊、陀、火、鈴，唯最忌「空、劫」沖破，主辛勞、孤立，不利六親，子息難招。祿庫星逢空劫，不宜捷徑橫財，橫錢也無法積存，暗耗難留。天府為南斗帝星，亦主官爵，因此也。

天府化科與天姚同度

便成為一個異常複雜的星系結搆。最好能將謀略發揮于事業，則將變成很好的方帥，能因應環境的變化。性質溫和，仍主事事受人信任，僅自私心較重。

天府守疾厄宮

往往表徵為神經衰弱，亦即古人之所謂「陰虛」、「氣虛」。基本性質主胃病，一般情形下，亦主腸胃突然轉為虛寒，吸收營養不良。

天府居丑未坐命

有太陽、太陰夾命，太陽為官祿主，太陰為財帛主，兩星旺地來夾命，主富與貴，若逢吉星會照或同宮，不權即富，易得貴人扶助、長官提拔而成功，財官雙美。

天府坐命本已有富足之意

此種富足有很多是繼承而來的，也有自己後天努力賺來的，天府星較保守、謹慎，所以很多時候後天白手起家賺來的財富。

天府星自視甚高且保守欠開創性

也較不適合競爭激烈的商場，倒是像律師、會計師等行業頗適合，天府最怕空劫二星同宮，即屬破格主終身辛勞。

【清淨之神、中天主星*太陰星】

太陰星為財帛、田宅主，喜居廟旺之地，日月廟陷以「寅申位」為分界點，自申到寅為得位月明之太陰星，快樂安逸，人緣好，行運佳。

寅位到申為失輝之太陰星，主辛勞、刑剋，感情波折，行運較晦滯。

太陰居卯辰：均為落陷獨坐

「日月反背格」，奔波勞碌，披星戴月，與父母緣薄，離鄉背井，自力奮鬥，桃花感情糾紛也多，辰比卯更不吉，因「辰」為天羅宮，主受困不自由凡事受牽制。宜公教職或為人服務，或學術研究。

太陰落陷，更不喜逢煞星，有刑傷，人離財散，一生多勞碌。

所以坐命酉位太陰星較卯位佳。

太陰居酉

有抱負與理想，如無化忌或逢煞，亦為「日月並明格」、出外有貴助，事業有成，但居「酉」位桃花要注意感情方面的困擾。

太陰星七句詩籤

太陰：為田宅主，化忌不利母、妻、女。

太陰中天癸水星，田宅妻星面方圓，清秀溫和博學真，文章才能可稱冠，
太陽日月相照會，科權祿喜受贈封，陷落之宮六煞到，男傷女剋不為全，
卯辰巳宮陷不利，其他還可來求全，太陰原是水之精，身命逢之福自生，
吉星吉曜無沖破，光耀揚名顯家宗，太陰入廟化權星，清秀聰明賢聰智，
稟性溫良恭儉讓，為官清華無私偏，寅上機昌曲來逢，縱然吉拱顯豐隆，
聰穎美貌學歷高，六殺加會福減來，太陰陷地惡星隨，火陀相逢定困閑，
道佛五術也安居，佈行人間一師尊，月會同陽命身宮，三方吉拱心盈豐，
不見兇殺來沖會，富貴雙全文武從，太陰陷在命身宮，尤嫌三方惡殺侵，
夫妻相怨家難融，更虛血氣少精神，太陰星耀限中逢，財祿豐欣百事通，
嫁娶親迎添嗣續，若入得此旺門風，大小運限見太陰，添財置屋福非輕，
此時火鈴若來湊，難免官災病身臨，太陰運陷君反悖，不喜羊陀三殺會，
火陀二星尤是忌，若無官災主是非。

*月朗天門格*太陰星的格局*

「月朗天門格」，天門指命盤的「亥位」，太陰（月）在亥位（天門）守命身，太陰在亥位時，最為明朗（月朗），故稱為「月朗天門」格。此格之人男命相貌斯文，女命面貌身材均佳，不管男女個性都很溫和，具親和力，不偏激，喜歡研究學問，心思細膩而體貼，為人謙恭，行事風格謹慎保守，智慧頗高，分析能力強，人緣佳，可因學術成名，「官職顯貴」宜從事公職文教事業，必能有卓越之成就。

月朗天門格

若會照吉星或科祿權，錦上添花，名利雙收，富貴權隆。具有此格之人，能早年得志，且富貴可期。

故云：「月朗天門於亥地，登雲職掌大權」。乙、庚、戌年生人合乎掌大權。

【多才多藝*桃花之星】

貪狼為北斗第一星，也是偏財星

多才多藝之星、教化星、壽星

桃花星、喜入辰、戌、丑、未四墓地，或與「截空」同宮，降低酒色財氣，雖喜與空、劫、火、鈴同宮，但忌與羊、陀同宮，為「風流彩杖格」因色惹災，尤其居子、亥位，水太多桃花更重。

貪狼星亦主禍福

為善或為惡均繫於自身一念之間，看與何星曜同宮或三合六合宮位的星曜，都是引動貪狼個性好壞的原因，往才藝方面發展或專注一門技藝，如能知足少慾，一生順遂無災。

貪狼星七句詩籤

貪狼是三旗之一。

貪狼星：為桃花、壽星（貪狼化祿於遷移在寅，祿存居巳），

唯女命美貌人緣好，所以常有桃花糾纏人緣旺盛所以政商關係好。

北斗第一貪狼星，甲木為根乃有水，解厄禍福皆有關，性剛威猛有機謀，

作事急速靜不來，弄巧成拙時常有，入廟居旺武術中，羊陀忌星火鈴來，

此時若然居落陷，賭殺酒色陷桃局，孤貧破殘有斑痕，巳亥宮中最為兇，
丙戌壬人福不久，其它尤然可稱雄，四墓宮中福氣濃，事業工作有奇蹟，
火星拱會實可貴，名震天下官商界，貪狼守命同羊宮，陀殺交加心困窮，
武破廉貞同殺劫，百藝隨身度歲終，四庫宮中貪入廟，加臨左右是富翁，
若時再遇科權祿，文武才能顯大功，四墓宮中多吉利，更逢左右女可貴，
祿才豐華助夫君，性剛志強女丈夫，貪居四仲感情亂，衣食雖豐多困擾，
雖遇良君難歸化，傷剋孤孀守寒單，北斗貪狼二限中，四墓入廟事和諧，
科權官商多成就，若遇當運發橫財，貪狼即喜臨四庫，更喜地元龍生人，
若見火星多橫發，自然富貴吉非常，限至貪狼陷不吉，只宜節慾息災傷，
賭蕩風流田破去，吉曜三方可免災，女限貪狼事不良，多作公益可化災，
若還吉星無來到，須知囉嗦困心煩。

貪狼為欲望之神。欲望：凡物欲、色欲、私欲、求知欲，求生欲等等皆屬之，如化忌，就說明自己的欲望受阻，這主要是精神方面的折磨事事感到不如意。

命宮或遷移宮有貪狼化忌

往往有時候會覺得很鬱悶，自己想要得到的東西總是得不到，（包括大限命宮或遷移走到貪狼化忌，也會碰到這樣的情況），尤其是情感方面容易受傷心情備受煎熬，思想頑固放不開。

貪狼化忌的人

在感情上不論男女容易受到傷害，有時候會有很刻骨的戀情一輩子忘不掉。

貪狼化忌

要注意因色惹禍而破財，或引起官非。需克制色欲、食慾等慾望，以免身體受損或破財、或惹官非。其人適宜從事偏門生意和現金交易的生意。亦主其人多才多藝，但面目或身體上有疤痕或美中不足之處。其人在此期間易有以下情形：意淫、被罰款、違警、犯法、打官司、坐牢、被記過、退學、具有革新思想、有魄力、桃花甚重。

貪狼化忌的話

男女均需注意身體或留下疤痕。容易出現皮膚疾病。以及患生殖系統、泌尿系統疾病。而且在吃喝嫖賭、毒癮、性病等方面比廉貞化忌更強烈。

貪狼在卯、酉與紫微同宮

化忌雖主其人辛勞，但能依靠辛勤而事業有成。略有拖延事業發展的傾向。

貪狼在辰、戌為獨坐，最喜化忌

反而使其人有成就，並具備多種技能，富有。

貪狼星的大格「火貪格」及「鈴貪格」

火星、鈴星跟擎羊、陀羅一般稱為四煞星，帶有破壞、刑剋的威力，但當貪狼碰到了火星就成了「火貪格」，碰到了鈴星就成了「鈴貪格」，此時成就和財運就非同小可，古云「貪狼遇火必英雄，指日邊庭立大功，更得福元臨廟旺，帳干千萬虎奔門」，已命坐辰、戌最佳，丑未次之，這種格局是有機會遽然而發，財源廣進，富豪之命，也有將相之格，武職顯榮，但須三方無凶煞拱照才不會破格，這種格局常有炒股票或炒房地產等投機致富的情形，但如一遇煞星沖破，那就會誤判時機，會將到手的錢財又賠個精光，起伏會很迅速。

命宮貪狼
主桃花，第一桃花之星，雙五行（木、水），產生雙重性格，木水相生。木東方思想*仙風道骨、東方哲學金屬、西方思想。

貪狼居子午
為「泛水桃花格」，異性緣重，感情多困擾，貪狼居子午位雖有「導正風範」的作用，但貪狼虛花風流的特性仍在。對宮為紫微星，活動力強、政商人脈公關良好，口才佳，有獨立策劃能力，觀察力、記憶力強，早年較有起伏，中晚年方能安穩，宜從事交際方面的職業或精巧藝術都可獨占一面。

第二智慧星（第一天機）
戲劇之星：文曲，貪狼。
文曲：藝妓命格中國女文人、代表戲子、戲曲。

貪狼：現在代表演藝界、導演、電影。

夫妻宮

配偶一定是桃花色彩之人，當事人也是喜歡浪漫的人，因天相做命之人，夫妻宮一定是貪狼星座命。

所以雙方都是桃花重的人，在感情方面都很複雜，因天相做命桃花都重，感情方面很複雜，婚姻不穩定，雙方都易有外遇。

配偶多才多藝，口才好

木代表教育，八字有木、水之人口才都很好，如天機，土多不愛說話。

貪狼星的缺點

言行不一，欺騙說謊，愛情騙子。

喜與人較量：性格會是八仙過海、各顯神通，很喜歡與人較量，逞強逞英雄，裝老大而吃悶虧。

貪狼+空劫

會除去一切貪狼星的桃花色彩，會改走宗教靈修，呈英雄現象也沒了，會導正貪狼的個性。

*貪狼+鈴星*貪狼+火星*

一夜致富、一夜成名、爆發戶。

貪狼+羊陀

風流彩杖格，騙財、騙色，風流事一定會出事，惹官非，為官會貪污、賄賂、詐騙、詐賭，貪狼化忌一定會被揭發淫亂八大行業有關。

羊陀入貪狼比化忌還嚴重，會讓貪狼惡質發揮至更大騙財騙色。

桃花星即子、午、卯、酉，若日支有桃花星。另一半多長相帥氣端莊，在婚姻生活中喜歡浪漫，講究情調，婚姻生活上多紛爭。

桃花星在婚姻宮還有幾個特點

婚姻宮為子的人，主配偶有智慧，特別聰明，性格方面比較溫順。

婚姻宮為卯的人，配偶長的比較秀氣，個子高挑。

婚姻宮為午的人，主配偶尊長愛幼，愛情奔放大方交際人脈好。

婚姻宮為酉的人，主配偶平易近人，善交際，事業上果斷政商關係好。

財星在婚姻宮上

配偶比較有錢，婚后財運比較好。假如婚姻宮位為財星，意味著其人的配偶財運好。如為女人有可能會嫁入豪門，屬于旺夫的八字，因婚姻給自己帶來財運，結婚后，財運源源不斷。

四庫在婚姻宮上

婚姻宮假如是丑、辰、未、戌四個字中的一個，為婚姻宮遇庫一般皆幸福圓滿。庫代表著倉庫，一般主配偶擅長存錢和理財，且為人處事比較沉穩，婚姻上比較顧家，配偶忠誠，擅長理財。

家事無對錯，只有和不和。沒有不幸的婚姻，只有不幸的夫妻。一對對夫妻懷著對婚姻的無比美好的憧憬走入婚姻的殿堂，可最終他們卻失望了，於是他們責怪婚姻，說婚姻是愛情的墳墓，而其實真正要怪的是他們自已的個性與想法。

家是講愛的地方，不是講理的地方

家是有根和有魂的，根和魂是由女人掌控。世界上最偉大的力量是愛，最強有力的武器是感動！夫妻之道是門高深的學問和藝術。

*泛水桃花格

貪狼星另一個特別的格局「泛水桃花格」，貪狼坐於亥、子，號曰泛水桃花，也就是貪狼星坐命入水鄉亥、子之地，讓原本是水性的貪狼星，更加輕浮漂蕩，貪戀情慾無法潔身自愛，遇此格局，無論男女皆是異性緣重，感情多困擾，婚姻多波折。

貪狼星最喜遇地空

天空地劫兩顆星，可以習正，讓貪狼星桃花的特性降至最低，讓泛水桃花的不良作用消弭；在亥加陀羅星同度，一生酒色賭，且財迷心竅，常因賭色惹禍，滋生是非困擾，若習性不改，終身難成大器，需特別注意。

【在天司品萬物*掌人間是非之神】

巨門星之特質：為人耿直、心細、勤勞、反應快，其觀察力、判斷力、記憶力強，有研究心及獨到創見，雖不善於交際，但表達能力強，具辯才。其缺點為太過於直接（說話一針見血），所以是非、口舌難免較多；性多疑（因其研究心強，見解獨特，有打破沙鍋問到底的性格）。

巨門屬「口」，有口福，口才亦佳，因此宜發揮其特長，適合從事以口為主之行業，例如：教師、律師、演藝、外交、公關、餐飲、娛樂、旅遊、廣告、行銷等。

巨門主口舌是非、食祿、口才、竊星

眼光銳利善察顏觀色，反應佳、有辯才、喜號研究學術有分析理解力，記憶力、聯想力，女命不宜，好處是細心，壞處 是多疑，愛情常變。

巨門星坐命身

耿直性急明快，其「是非」並非有意招惹而來，由於心直口快之性格，常無意中得罪人而不自知，「言多必失」、「禍從口出」，因此巨門坐命之人，必須謹言慎行，與人相處多美言，或將其特長轉於「傳道、授業、解惑」逢吉星相佐，必有卓越表現與成就。

巨門星也主孤

六親緣較薄，喜逢科祿權，錦上添花增光輝，事業有成就，不喜「化忌星」，常招惹是非困擾。逢煞星則一生較坎坷勞碌，感情亦多波折。

巨門居子午

為「石中隱玉格」，因人而貴，須歷經艱辛，中晚年始發達。逢科、祿、權尤佳，福豐隆。子位比午位佳（太陽居廟旺），大多從事高度競爭性行業，也宜政界、教職、企業或貿易。

丁年生人（巨門化忌——注意是非、麻煩、意外），戊年生人（天機化忌——小心意外、交通事故，手足之傷及小人之災）。

「石中隱玉格」之人，猶如蘊藏在石頭中的瑰玉，須經人發掘提拔、事業多變動多磨鍊，且歷經一番奮鬥後方能有所成就，因此早年多變動從事多方面的挑戰，中晚年發跡，屬「大器晚成」之命。

巨門一曜本身有著一定的缺點

所以對四煞亦十分感敏，縱然在流年守度的巨門星，只要遇上流煞會上，也會有一定的影響。

*巨門羊陀于身命疾厄*羸黃困弱盜而娼*

這是說巨門遇上羊陀會照，並見化忌衝破，主有不吉，但亦不一定壞至如此極端，學者宜加活用。

巨門星為是非星

交通星、逃災星、同時也是退卻星。變化性最大的一顆星，有「波折」之意。它是一顆暗曜暗星遇吉星則好遇煞星則變化多端。

在子午宮寓石中隱玉

本身無光，要靠太陽光才能反射光芒，故強出頭，必然有禍。無光：指學識德望不足，德微而位尊，無禍者鮮矣。是隱玉：雖被發現，也是刀斧下的犧牲品，雖得回一點青翠，做他人玩飾，價值高低，視自琢程度及是否名玉而定，但玉皆易碎，世人也認為玉碎可以擋煞，是與非見人見智，但玉已碎了，若自光輝暗斂，更容易與天地長久。

巨者巨大，落哪一宮位

哪一宮位就喜歡大。巨門又為口才，化祿化權，能使其人的口才得到發揮，口才犀利，因而更有說服力和權威，並且事業大成。最利於業務人員、行政官員、教師。為官者在此期間易升遷。

巨門化權由癸幹引發

這裡是指大限宮干、或流年干、或月干、或日干為癸的大限、流年、月、日的期間，但要防止口舌之爭，注意別人往往口服心不服。又需注意的是，若大小限、流年逢巨門化權，在此期間易有官司，再加天刑時更靈驗。不過官司多半會贏。

女命與昌曲同宮逢化祿其人有酒窩

或嘴巴說話很甜，或見人就笑臉微露，很討人喜歡，與天刑劫煞陰煞天月同在辰戌巳之巨門逢煞有偽善。

此格局最怕火鈴

羊陀、空劫、化忌等煞忌在三方匯集沖破，遂為破格，因主為人自我強烈，善於心計，自私自利，人生較波折，易遭挫敗，宜多修身養性以收矯正之效。

明珠出海格

本命坐未無主星，太陽、天梁在卯，太陰在亥會照，日月從地平線升起的時刻光芒耀眼，好像兩顆明珠由大海浮出一般，故稱為「明珠出海格」，此格之人心地仁慈，公正坦白，口才佳，擅溝通協調，博學多聞，處事光明磊落，在社會上易獲得崇高聲名地位，事業上最宜從事公益福利、慈善、教學等行業，逢昌、曲、魁、鉞，穩步蟾宮，財官雙美。

逢擎羊沖破，則屬破格

華而不實，庚、丁年生人，由於生年忌在丑位沖命，應注意是非糾紛，多忍讓溝通，避免招來不必要的是非、親和力強，善溝通，身段柔軟，不得罪人，只有朋友沒有敵人，人和及外緣非常好，事業也非常順遂，真是財官雙美的格局。

巨門星七句詩籤

巨門：主口舌、是非、麻煩。

巨門北斗第二星，癸水暗昧親寡合，多學少精多反覆，初善終惡口勞心，
左右祿存科祿權，石中隱玉要開發，破忌羊陀兇星會，男盜女娼紛擾多，
丑未坐宮尤不利，其它還有足才糧，女命入廟多享福，陷時傷剋有瑕玷，
巨門子午二宮中，局中得遇昌榮喜，三方化吉科權祿，官高極品衣紫袍，
此星化暗不宜逢，加會兇星愈加兇，唇齒有傷性猛怪，如逢廟旺可和平，
巨星守命遇羊來，火鈴逢之多不吉，性急顛頑多反常，百事迷茫亂主張，
女命巨門居旺吉，左右加臨女強人，不輸男人貴無價，披風珍珠雅貴高，
巨門命陷主淫亂，侍女偏房第二春，面貌清奇多受寵，多作公益可長久，
巨門運限化權星，機智權謀成大事，縱有官非並口舌，尤然得化轉安寧，
巨星入限使人愁，更遇喪服事不周，運限逢之訟纏身，居官失職被干擾，
巨門運陷最不良，無事是非來鬥傷，哭泣喪連終不免，破財受氣身不安。

子午巨門科祿權，石中隱玉福豐隆

巨門在子午位，無煞會吉是為「石中隱玉格」，因人而貴，中晚年發跡，貴顯且聲名遠播，癸年生人巨門化權入命，祿存同宮或朝照，及辛年生人化祿入命，天魁相扶，事業逢太陽化權會合，財官雙美。

丁己年生人要開朗活潑，多財富，丁年生人會合祿存並三奇嘉會，因巨門化忌入命有自己困擾自己之嫌，己年生人有祿存及天魁來合，其命格美中優雅政商關係好。

如丁年生人，女命較多疑多思，刑尅稍重，至於丙戊年生人，與擎羊煞忌沖照則有破局之嫌，意外波折難免多作公益可解其厄。

巨日在寅，立命申，先馳名而食祿

安命申位無正星，在寅位有巨日同宮朝照，財帛宮、福德宮逢天機天梁在辰戌位，蔭福二星，主富貴，白手起家先名後富。此格最忌煞星再入本命則有破格之嫌，最喜祿馬貴人來扶助，大都是醫師、律師、教師之輩，如破格則為九流術士。

癸年生人巨門化權

子位有化科（太陰）及祿存來合為上格，丙年生人有暗祿，且化祿（天同）化權（天機）來合，如加文昌化科更吉。

丁年生人三奇嘉會，但對宮化忌來沖，多爭議是非宜少道人之長短。

甲年生人雖對宮化忌對沖處事要謹慎，若逢祿馬交馳，較為辛勞奔忙，晚年佳。

庚年生人化祿在對宮朝照，但因祿存單守入命又有羊陀夾制，較為辛勞，外方發展格。

巨門星之特質

為人耿直、心細、勤勞、反應快，其觀察力、判斷力、記憶力強，有研究心及獨到創見，雖不擅長於交際，但表達能力強，具優越辯才。其缺點心直口快，常有口舌是非，其性多疑有自尋煩惱之現象，與人交流初善終惡。

巨門屬「口」，有口福，口才亦佳，因此宜發揮其特長，適合從事以口為主之行業，例如：教師、律師、命理、演藝、外交、公關、餐飲、娛樂、旅遊、廣告、行銷之行業。

巨門星坐命身

因性急耿直，其「是非」並非有意招惹而來，由於心直口快之性格，常無意中得罪人而不自知，「言多必失」、「禍從口出」，因此巨門坐命之人，必須謹言慎行，與人相處多美言少道人長短，或將其特長轉於「傳道、授業、解惑」逢吉星相佐，必有卓越表現的成就感。

巨門星也主孤

六親緣較薄，喜逢科、祿、權，錦上添花增光輝，事業有成就，不喜逢「化忌星」，多有是非困擾之事。逢煞星則一生較坎坷勞碌，感情亦多波折。巨門縫六煞星也屬狡猾奸詐之個性。

巨門居子午為

「石中隱玉格」，因人而貴，須歷經艱辛，中晚年始發達。逢科、祿、權尤佳，福祿豐隆，子位比午位佳（太陽居廟旺），大多從事高度競爭性行業，也宜政界、教職、企業或貿易。

丁年生人

巨門化忌——注意是非、麻煩、意外。

戊年生人

天機化忌——小心意外、交通事故，手足之傷及小人之災。

「石中隱玉格」

猶如蘊藏在石頭中的瑰玉，須經人發掘、磨鍊，且歷經一番奮鬥後方能有所成就，因此早年辛苦，中晚年發跡，為「大器晚成」之命。

巨門星的格局，巨門星的格局像巨日同宮格，機巨同臨格等以前都介紹過。巨門星一個很重要的格局「石中隱玉格」，也就是命宮巨門星坐於子午位，「巨門子午兩宮逢，身命逢必貴榮，更得三方科祿拱，石中隱玉是豐隆」。

巨門居於子午宮旺地

是個相當吉利的格局，「石中隱玉格」之人，猶如蘊藏在石頭中的瑰玉，須經人發掘、磨鍊，且歷經一番奮鬥後方能有所成就，因此早年辛苦，中晚年發跡，屬「大器晚成」之命。

*此格之人以辛、癸年生最佳。

*辛年生人，巨門化祿，太陽化權入命及官祿宮，形成富貴雙全的格局。

*癸年生人祿存在子，巨門化權入命宮，亦形成富貴格，都屬佳格。

*丁年生人巨門化忌，會因言語不當而得罪人或自己受到傷害，但因祿存在午宮，仍屬不錯的格局。

*此格還有一特色，就是如成就達到頂峰時，稍不注意，口舌、是非會接踵而來，也容易從巔峰摔下來，要非常注意，外傳前陳總統就是此格局，也印證達到總統高位後，是非接踵而至，從巔峰直摔而下成階下囚。

巨逢四煞格

巨門星比較差的格局

巨門星為是非多咎之星，逢煞均主災禍多作公益可解。

巨門坐命身逢

羊、陀、火、鈴四煞或三方四正會照，即為「巨逢四煞格」，古書云「巨火擎羊，終身縊死」，有二顆煞星就已很凶惡了，何況四煞同宮或會照，是個相當凶惡的格局。

如沒吉星祿馬來救

會因刑畏罪逃亡，或遭災殃，或刑剋重，或多病災，或遭刑訟等，男女皆不吉利，一生際遇較為困苦，有時常覺得人生無意義多作公益可解。

命坐此格之人

除為人處事要謹慎小心，不輕易違法外，如能多作公益可解，亦能助其看開紅塵事務，改變磁場，讓人生際遇獲得改善。

【夫妻宮】太陰星坐守*

男命娶妻柔美，女命嫁夫溫良。夫妻宮太陰廟旺逢文曲為「蟾宮折貴格」，男招貴妻，女嫁賢夫，子女亦成材。逢煞星入夫妻宮，則婚姻較有波折聚少離多。

巨門居【財帛宮】

對宮同梁二星，逢吉星財源豐盛平穩，逢煞星則財破損失，尤其是遇空劫二星財源難聚。

巨門居【官祿宮】

適合從事「以口為業」之工作，辛勞有成。事業宮太陽星坐守，喜逢廟旺，成就高，逢權祿為老板格，逢文昌為「皇殿朝班格」，貴人提攜，任要職，富貴雙美。太陽星若落陷，較勞心費力，再逢煞星，則一生奔波勞碌、多波折多作公益可解。

巨門居【田宅宮】

武殺坐守，財庫耗損，自力更生白手起家，祖產較無，早年須歷經辛苦，中晚年後方能自置安順。

巨門居【福德宮】

同梁坐守，來財平穩，逢祿存更佳，喜悠閒重生活情趣，逢煞沖則較勞心，福難全，不得不做。

【疾厄宮】注意肺部支氣管及口腔、牙齒的毛病。

全，波折難免多作公益可解。

巨機居卯位，公卿之格

巨門與天機在卯位同宮，為巨機同臨格（居卯位比酉位佳），乙辛丙年生人逢之則為官貴富有之格，如逢空劫煞忌沖照則破格，福祿不全，波折難免多作公益可解。

巨門在亥，日居巳位，食祿馳名

巨門居亥旺地，對宮太陽在巳來照有驅暗之功，無煞有吉雖奔忙競爭，中年後發達順遂，以乙年生人雙祿朝垣（天機化祿及祿存星），丙年生人權祿（天同化祿，天機化權）並祿存同宮，天魁入命吉，辛年生人會化權化祿，壬年生人有祿存入命逢魁鉞來合，癸年生人巨門化權，有天魁天鉞星，富貴可期。

巨門逢煞忌，是非刑訟，無妄之災

巨門與火星同宮入命或入疾厄，幼年必多病多災，行限逢之防意外災害或官訟之非。

巨門羊陀於身命，多疾病體弱，雖是暗星入廟為害較輕，陷地於身命，再逢羊陀易有暗病纏身，兼之刑剋重，多男孤女寡不利婚姻。

巨門星坐命身之人

耿直性急明快，其「是非」並非有意招惹而來，由於心直口快之性格，常無意中得罪人而不自知，「言多必失」、「禍從口出」，因此巨門坐命之人，必須謹言慎行，與人相處多美言，或將其特長轉於「傳道、授業、解惑」逢吉星相佐，必有卓越表現與成就。巨門星也主孤，六親緣較薄，喜逢科祿權，錦上添花增光輝，事業有成就，不喜「化忌星」，常招惹是非困擾。逢煞星則一生較坎坷勞碌，感情亦多波折。

巨門、火星、擎羊會合入命宮多刑傷意外

行限逢之亦然，三方會合較入命為輕，有吉則可救，如同宮則較凶。巨梁身命，頑固孤僻悖禮偏俗，二星於身命宮，逢旺亦有富貴，但為人較違反常俗而以古怪之性。

行限、流年逢巨門會有意外、不順、是非小人，逢煞尤甚要注意。

巨日拱照多奇才

安命寅位，無正星守照，借對方之機陰為用，最喜逢吉星，三合太陽星居事業宮在午，用以驅財帛宮巨門之暗，多先名後利，以癸年生人，財官雙美，庚年生人，則日月輝映，辛年生人，有名有利。

巨門辰戌雖不得地，辛年生人，反為佳格

以辰較戌位為佳，若立命辰宮，辛年生人有暗祿相合（酉位有祿存星，辰位巨門化祿），化祿入命逢財宮化權星會合。

若立命在戌，雖有擎羊但廟旺無妨，

財印坐馬格

天相星的格局

天相星一個重要的佳格「府相朝垣格」。

天相星另一個重要的佳格

天相在寅申位必與武曲同宮守命，武曲為財星，天相為印星，兩星落於寅申四馬之地，無煞有吉，是為「財印坐馬格」，再逢天馬、祿存星更加美好，祿馬交馳，發財遠鄉，是個適合經商的格局，最適合從事國貿或派駐外面業務工作，能發揮才能，事半功倍，在動中求財，可風光得意，富貴可期。

甲年生人，祿存、化科同在寅位

既有錢又有名，名利雙收，相當吉利，但此格逢化忌或四煞沖破，即屬破格，會變成奔走費力，毀譽參半，勞心勞力，即屬不吉。

天相星七句詩籤

天相：為蔭星。

天相南斗排第五，壬水官祿衣食豐，溫和仁敏有慈祥，端莊聰明伶巧辯，
化祿印格相敦重，清白好評足豐隆，紫府左右昌曲會，日月加臨才官美，
政界工商可發揮，武破羊陀三照合，巧藝才能文藝精，火鈴巨機皆不利，
天相尤可制廉貞，卯酉落陷主困勞，天相星辰吉非凶，照守命身喜常隨，
為官清正居主宰，三合相逢福自來，天相吉星命主身，心定其人多美滿，
財官祿主旺家資，權壓群雄眾人欣，相星如遇破武同，羊陀火鈴更為兇，
宜作技術經商利，佛道五術享福隆，女人身命天相星，性和巧伶萬事亨，
衣豐才足可稱豪，旺夫貴子顯門庭，破軍七殺六兇星，相會照拱皆要忌，

孤刑無義剋六親，勞碌憂煩過一生，天相之星果斷裁，照臨二限喜無災，動作謀事皆稱意，優游享福自然來，天相之星有機才，三方不可惡星纏，羊陀空劫皆不利，口舌官災受牽連，限臨天相又遇羊，災禍興殃不可當，更有火鈴諸殺到，須知災劫運未通。

【忠義、正直、慈愛，輔佐奉仕之神】

天相為掌印星、衣食之神

熱心、善良、有正義感，穩重、踏實、誠懇，為人隨和寬厚，做事循規蹈矩，具管理協調能力，為最佳祕書人才（印星），因心善喜助人，主管交際廣擴，能發揮其潛能才華，政治經商都有很好成就。天相坐命之人，講究高雅清優，注重外表體面，故稱「衣食之星」。

女命端莊秀麗，品德優良，勤勉謹慎，婚後相夫教子，為賢妻良母型，居廟旺，未逢煞，財祿順遂，衣食無憂。

天相守命丑未

以丑為佳（日月並明）且天相為廟旺，財帛宮的天府星也是旺勢，為「府相朝垣格」，做事按部就班，肯上進，活動力強，交際廣，出外得貴助，在事業多有表現，財運亨通，生活富足，但亦須防感情之滋擾。天相居未，其氣勢稍弱些，宜為人服務較佳政商交際廣。

*忠義、正直、慈愛，輔佐奉仕之神*天相星*

天相為掌印星、衣食之神，熱心、善良、有正義感，穩重、踏實、誠懇，為人隨和寬厚，做事循規蹈矩，具管理協調能力，為最佳祕書人才（印星），因心善喜助人，故適宜社會服務工作，能發揮其潛能才華，文書學校補習班都是可發揮長才人脈廣擴。

天相坐命

高雅清秀風華體面，故稱「宰相之星」。

女命端莊秀麗，品德優良，勤勉謹慎，婚後相夫教子，為賢妻良母型，居廟旺，未逢煞，財祿順遂，政商人脈好。

天相守命丑未

以丑為佳（日月並明）且天相為廟旺，財帛宮的天府星也是旺勢，為「府相朝垣格」，做事按部就班，肯上進，活動力強，交際廣，出外得貴助，在事業多有表現，財運亨通，生活富足，但亦須防感情之滋擾。天相居未，其氣勢稍弱些，交際人脈服務較佳。

天梁格局綜論

天梁化氣為「蔭」。主壽。解厄制化

天梁此曜能化解災厄，使人絕處逢生，縱歷艱辛亦必有所成，晚年行至天梁坐守的運限，亦主延壽。

因為此曜有著解厄扶危的特性，固大凡流年大限行至此曜坐守時，多主此年限中，心情苦惱。縱然得財，亦主先歷挫折，才可進財。其實有災有難，方要解厄扶危，若無災難困擾，何須此曜幫助解困。所以不論此曜落在任何宮位，那宮所主之事，必有煩惱，但始終能化解。至於化解的方式及結果，則必須配合六吉六凶的組合來看。

如有人患上重病，流年行至天梁星坐守，可以說這人的痛苦必定可以消除，疾病痊癒，固是解決痛苦的形式之一，但生命的終結，何嘗不是解苦病患者的另一形式。所以必須視乎天梁一曜與其他星曜的配合，才能作出比較準備的判斷。

天梁入命

在性格方面比較主觀，但多主心性善良，樂於助人。由於此曜化氣為「蔭」星，主人有善根，與宗教甚有緣分，對哲學玄學方面的興趣很濃，若有宗教信仰，能夠把此曜的 孤僻特性轉化不少，亦可通過參與宗教活動來幫助拓展自身的人際關係。

天梁入命，在正面來說

具有名士風範，不落俗套，注重生活的品味多於生活的物質水平。性格耿直無私，原則性強，喜為人排難解紛。負面來說，主人生性懶散，孤芳自賞，心高氣傲，每每無意中招人所忌多作公益可解。

天梁是否能夠形成良好的組合

太陽的入廟與否，有著對格局決定性的影響。如太陽入廟有力，則能照化天梁的孤克之性，成為良好的格局，斗數中有一著名格局「陽梁昌祿」，便是指太陽天梁會照祿存文昌，此格大利於考試研究，能在學術研究方面發展。太陽一曜在斗數中，可說是甚為重要，因為當此曜入廟有力時，便能照化巨門之暗，天梁之孤，同時當巨門天梁兩曜受到照化之時，受著這兩曜相夾的天相，亦略受影響。所以如果太陽落陷，巨門的是非煩惱與天梁的孤克特性，便發揮不了。

天梁是解厄扶危的星曜

也是能得祖上之蔭之蔭星。本命性質而言，利於從事解厄扶危的工作，包括救援、醫療、社會服務等。或者以繼承祖上事業為己任，也合乎天梁化祿的特性。

天梁化祿與天巫同度

則為遺產的轉移或繼承，這是蔭星的意義。其他性質的星曜，行經天梁化祿的大運時，一般則比較麻煩，即有比平常棘手的問題要處理，其中最常見的問題來自武曲化忌，或因經濟來源出現斷續情況，或因債務問題，需要天梁化祿去積極、努力解決。

天梁化祿或武曲化忌居於疾厄宮

主有較重的健康問題要處理和解決。天梁化祿帶來的正面意義較少，反而需要應付、解拆的事情則較多。天梁化祿的解厄特性，令事情最終得到解決，但人事卻已經有幾番滄桑的感覺。

天梁居午，官資清顯，位朝堂主管以上

機月同梁為吏人，一生較為平穩、安定的服務性格喜助人。

天梁居午位為廟地，又稱「壽星入廟格」三方有機陰在寅，天同在戌來朝合，以丁年生人三奇嘉會，祿存入命為上格，因聚少離多所以婚姻難美滿。

天梁星七句詩籤

天梁：為父母星，與父母有關，如長輩、上司。

南斗第二天梁星，戊土星情屬正值，果決機謀司壽福，厚重施濟無私偏，

天機同會善兵法，左右佳會出將相，火羊破局為下賤，申宮不利屬陷地，
殺傷家人又淫亂，吉星廟旺稱豪傑，天梁星性剛中強，精神穩重性溫良，
左右曲昌相逢遇，管教比如孟嘗君，天梁蔭星壽延年，機日文昌左右同，
子午寅申廟旺賀，官資清顯政商界，天梁火鈴又遇陷，六兇星逢更為災，
孤刑帶疾事多磨，技藝勞煩可度工，辰戌機梁非小可，破軍卯酉也不良，
女人得此固執形，剋傷六親不自由，天梁化蔭吉星隨，二限逢之福祿多，
若加吉曜居廟旺，政商人脈交際擴，限至天梁最為良，尤如秋桂吐馨香，
加官進職迎新祿，常人逢之亦非凡，天梁守限福綿長，作事謀業大吉昌，
若遇火鈴六凶星，須防厄運破家財。

【延壽解厄，福蔭之星】

忠直亮節、碧海青天

天梁星為蔭星、嚴肅清高堅強領導群倫、主貴與壽，性善、心慈。忌賭、（但常有意外之財、中獎）也忌投機，宜為人服務，取清高之財。

天梁星的貴氣是超然脫俗，較為孤高，高風亮節。

天梁星坐命未逢煞

一生「逢凶化吉，遇難呈祥」。

天梁居子午為「壽星入廟格」，超然、正直、無私，有俠義心，性喜助人，具長者之風範，喜與六吉星會照，一生順遂，有所成就，遷移宮為太陽星，事業天同星，財帛天機太陰，亦是機月同梁格，擅企劃具輔佐能力，適合公教職或自由業，能出人頭地，擔任要職政商好人脈。

天梁居子位

若逢文曲星同宮，或文曲星在遷移宮朝照，為「文梁振紀格」有福有壽，富貴清顯之命。

天梁太陽昌祿會富貴名揚

天梁、太陽、文昌及祿存會合於命宮，主學歷好一舉成名，早年即得志，兼有富貴。如天梁在子，則太陽居午位對朝，若加祿存文昌尤為奇格。

書云：「陽梁昌祿，傳臚第一」從事教育機構或補習班都可名揚立萬，參加競試，名列前茅，一生逢貴人扶助提攜，財官雙美之格局政商發展廣大人脈好。

*祥龍掌珠，臚傳第一*天梁太陽昌祿會富貴名揚*

天梁、太陽、文昌及祿存會合於命垣，學歷好反應快一舉成名，早年得志，兼有富貴。如天梁在子，則太陽居午位對朝，若加祿存文昌尤為奇格。

陽梁昌祿，傳臚第一

教學補習班栽培人才方面的行業可傳奇一方，常遇貴人扶助提攜，財官雙美之格局。

延壽解厄福蔭之星忠直亮節碧海青天

天梁星為蔭星

清高、主貴與壽，性善、心慈。忌賭（但常有意外之財），不可有投機的投資容易翻船，宜開擴人脈交際保全方面服務的行業大吉，清高富貴之財。

天梁星的貴氣是超然脫俗

較為孤高，也不喜名利權勢。

天梁星坐命未逢煞

一生「逢凶化吉，遇難呈祥不為災」。

天梁居子午

為「壽星入廟格」，超然、正直、無私，有俠義心，性喜助人，具長者之風範，喜與六吉星會照，一生順遂，有所成就，遷移宮為太陽星，事業天同星，財帛天機太陰，亦是機月同梁格，擅企劃具輔佐能力，適合公教職或自由業，能出人頭地，擔任要職。

天梁居子位

若逢文曲星同宮，或文曲星在遷移宮朝照，為「文梁振紀格」有福有壽，富貴清顯之命。

*壽星入廟格*天梁星的格局*

天梁星有幾個不錯的格局，像機月同梁格，善印朝綱格，丹墀桂墀格等。

天梁星是壽星、蔭星

天梁星坐命子午位稱「壽星入廟格」，子午在紫微斗數為南北斗交會處，一般星曜守命於子午位，都有錦上添花之效，此格之人心地光明、正直、有俠義心、性喜助人，為官清顯，忠諫之臣，福壽雙全，政商界的名人，當然雖是忠諫之臣如違逆皇帝老大的旨意，那打入冷宮也是常見，需特別注意。

己年生人，有天梁化科及祿存守命，天魁星來朝照，遠方發展有貴人相助甚佳。癸年生人，對宮祿存朝照，財宮逢太陰化科主功名利祿大吉無不利。

梁同寅申位，一生利業聰明

此格之之，以寅位坐命，財帛逢太陰星居旺地，寅比申位佳，日月齊明，為機月同梁格，喜為人服務有關之公職，從事服務業更能發揮尤佳，其人穩重誠懇有禮聰明內斂，若逢煞沖或夾殺反主受束縛兼顧很多難伸展多作公益可解。

梁同對居巳亥，男主浪蕩女多情

二星於巳亥均是陷弱四馬之地，男主飄蕩風流自私，大多遠離故鄉外出發展，如再逢煞不易有成就，有吉星會來亦可富貴；而女命因感情問題而多變，終是不佳，如逢煞沖更孤寒無助刑剋難免。

天梁陷地羊陀會，傷風敗俗

天梁坐命，身宮逢巨門星，或逢羊陀六煞星凶厄為自私反叛悖禮敗俗之流，主其人較不行正道行為多偏邪，詐欺、偽造文書、詐騙設陷拐騙之徒（命梁身巨又逢煞，較會有此現象）。

天梁太陽昌祿會，富貴名揚天下知

天梁、太陽、文昌及祿存會合於命垣，學問好春風得意揚名立萬，人脈財官雙美政商關係好。如天梁在子位，則太陽對宮居午，如加會祿存文昌星亦為佳格。

書云：「陽梁昌祿，傳臚第一」，技精多參加競試名列前茅，都有貴人扶助提攜，名利雙收之格局。

天梁文昌居廟旺位至台輔高官顯爵

天梁蔭星居旺地，加會文昌，無煞沖破尤吉，若再逢魁鉞貴人星相會，可居高階主管或財團政商關係好。

日曜天梁，女命刑剋孤貧寒（或月曜天梁在巳宮）

太陽、天梁二星於身命，居落陷之位又逢煞星，女命有傷夫尅子之嫌，一生勞心費力，若居廟旺之地或逢祿存則此災較輕。或太陰、天梁居巳位落陷地，奔忙勞碌之命，婚姻亦不美滿。

天梁居午，官資清顯，丁、己、癸年生人佳

天梁、太陰飄蕩客——此依命宮論之

梁居亥、或陰居巳，均是陷地，主貧寒而漂泊不定，梁逢馬於巳亥地，不但漂泊又風流無情。

機、梁逢煞——早刑晚孤

命宮梁陷逢羊陀，身又逢巨——為人不走正道大都與八大行業有關。

天梁、文昌居廟旺逢吉

政商關係好——如為官居特任官以上。

*七殺仰（朝）斗格*七殺星的格局*

七殺星一個很棒的格局就是坐命於寅申子午都是七殺仰（朝）斗格，居子、寅為「七殺仰斗格」，居午、申為「七殺朝斗格」。

*書云「七殺寅申子午宮，四夷拱手服英雄，魁鉞左右文昌會，權祿名高食萬鍾」，又云「七殺寅申子午，一生爵祿榮昌」，七殺在子午寅申坐命，加會吉星，絕非等閒之輩，居子午，對宮為武府，活動力強，人緣佳，出外逢貴助，具有開創力，早年辛苦勞心，歷經艱辛後，奮鬥有成。

七殺星七句詩籤

七殺將星，肅殺，是三旗之一。

南斗十八七殺星，庚金剛毅為上將，威權嚴猛獨行功，性急無常性剛烈，

左右昌曲貴人星，高官極品有嚴威，陷地六凶星月會，屠宰經商福不齊，

子午寅宮落陷兇，別宮吉會亦為貴，丑未廟旺廉貞吉，遇會吉曜財官美，

七殺酉申子午旺，西夷拱手服英雄，魁鉞左右曲昌會，科權高祿田萬鐘，
殺居亥宮陷難強，有功無賞伴虎邊，若還凶星無制伏，惡劫災難道旁邊，
七殺命身兼落陷，巨宿羊陀火來傷，若不傷肢必傷骨，多作公益守安居，
女命愁逢七殺守，平生作事巧聰明，氣高志大如英雄，難免刑夫心煩憂，
七殺孤星貪來逢，火鈴陀殺合非貴，女命得此性不良，婚姻紛爭難為全，
二限雖然逢七殺，對宮天府正來朝，仕官逢之亦顯達，事業財興家富發，
七殺星情加惡曜，限運艱苦官災病，若還不見吉星會，損友掏空不自由。

【司掌威猛、肅殺、驍勇善戰之神】

七殺、破軍、貪狼、竹籮三限星曜。

*七殺星坐命之人，獨立自主、有韌性，有抱負，有領導力，性急、率性、積極敢衝，常顧前不顧後，為白手起家開創新業。

七殺星也主孤剋，不宜入六親宮。

七殺坐命三方必會破軍、貪狼，殺、破、狼三顆星，稱為「三旗會局」，此格局之人一生行運起伏變化幅度較大敢作敢衝大好大壞遇貴人參事大發長才富甲一方。

女命坐七殺星，女中丈夫女強人，擴展宏圖人脈好旺夫益子，作事強勢婚姻較難和諧。

七殺星不喜與桃花星同宮

逢之易有桃花糾紛，男女命皆注意感情的問題。

命坐七殺

若逢大小限流年重疊，宜注意意外、變動、災禍。書云：「七殺重逢、無災也有禍。」逢官符、白虎、擎羊等刑星，離鄉遭配多作公益可解。

殺破狼格局起伏大

處事要謹慎，不可頑固不納人言。

女命七殺不宜單守福德

較為辛苦，尤其命身不宜逢桃花星（交際手挽雖好易有桃花困擾）。

七殺逢空

七殺坐命雖經歷波折，但結局大多還好，唯七殺逢空，則失去衝勁，畏首畏尾，難聚大財。

七殺、羊、火於事業宮

一定與「殺」有關行業，大多為屠宰之人或依技藝維生百工之人（例刀械有關行業），逢吉星也可富。

七殺居子午

居子為「七殺仰斗格」，居午為七殺朝恆格（南斗北斗主星拱照），對宮為武府，活動力強，人緣佳，出外逢貴助，具有開創力，早年辛苦勞心，歷經艱辛後，奮鬥有成。

七殺安命子、午得天刑、擎羊會照

加吉星，可為外科或牙科醫師，或專業技能人才人脈好。

七殺星坐命之人

獨立自主、有韌性，有抱負，有領導力，性急、率性、積極敢衝，常顧前不顧後，為白手起家型。

七殺星也主孤剋

不宜入六親宮六親較無緣無幫助。

七殺坐命三方

必會破軍、貪狼，殺、破、狼三顆星，稱為「竹蘿三限」，此格局之人一生行運起伏變化幅度較大。

女命坐七殺星

志過丈夫強勢，獨當一面不輸男人，但婚姻較難和諧。

七殺星不喜與桃花星同宮

逢之易有桃花糾紛，男女命皆要注意桃花的困擾。

命坐七殺

若逢大小限流年重疊，宜注意意外、變動、災禍七殺重逢、無災也有禍端」，逢官符、白虎、擎羊等刑星，離鄉另有發展。

殺破狼格局

起伏大先敗而後發一生幾回變動行業。

女命七殺不宜單守福德

強勢不屈獨當一面女中豪傑，尤其命身不宜逢桃花星常有感情方面的困擾。

七殺逢空

常被反叛破壞大事難成：七殺坐命雖經歷波折，最後都能化解富守一方，唯七七殺逢空作事三心兩意進退無常，畏首畏尾，難聚大財。

七殺、羊、火於事業宮

一定與「殺生海產」有關的行業，大多為屠宰之人或依技藝維生百工之人

（例刀械有關行業）多作公益也能富守一方。

七殺居子午

居子為「七殺仰斗格」，居午為七殺朝斗格（南北斗主星拱照），對宮為武府，活動力強，人緣佳，出外逢貴人發展新機，有開創力，早年辛苦勞心，歷經艱辛富貴有成多作公益更佳。

七殺安命子、午得天刑、擎羊會照

會吉星，可為外科或牙科醫師，或專業技能人才。

七殺居寅申，對宮紫府朝照

甚為吉美，有企業家之格局。為人具謀略，有主見，積極進取，人緣佳，活動力強，公關良好，宜往外地發展，常獲貴人賞識提拔，有投機偏財運，多擔任要職，逢吉有卓越成就與表現。

七殺落陷不喜逢煞

書云「殺居陷地不堪言，凶禍猶如抱虎眠」，逢擎羊、鈴星易招惹官非、訴訟，若逢大小限流年重疊，宜注意意外、變動、災禍多作公益可解。

七殺逢空，一事難成

七殺坐命雖經歷波折，但結局大多美好，唯七殺逢空，則失去衝勁，畏首畏尾，難成大器。

*此格較不適合女命，主個性剛強，志過丈夫，感情婚姻生活難和諧，需自我惕勵、改進，雙方多忍讓、溝通，方可調和。

*七殺居寅、申、子、午，以甲、己、丁年生人為財官格，均屬上格。

七殺逢煞格

七殺另一個好的格局為紫微七殺同坐於命宮是為「紫殺同臨格」大盤商財大氣粗。

七殺逢四煞或火鈴沖

或羊陀夾，多凶險意外之事，像車禍、兇殺等事，多災多難。尤其身命宮同坐七殺廉貞或命宮坐七殺身宮坐廉貞逢四煞會照，多作公益可解。

古人云有路上埋屍之稱，死於外道，是極不好的惡格，可見此格之人，出外需多注意，平時也須修心養性，讓容易暴怒的心性舒緩，不惹事生非強出頭，才不會惹事上身，開車時多注意路況和車輛保養，避免車禍發生。行限逢之亦如此推斷，縱然有吉星相解，也會有傷殘。需特別提高警覺，以趨吉避凶多作公益可解。

*破軍星的命格*英星入廟格*

破軍在子午位為廟旺之地，坐命於此位且無煞星沖破，是為「英星入廟格」

古云「北斗英星長有權，坎離之上福綿綿，黃金建節趨廊廟，統攝英雄震四邊」

*此命格之人，具有開創精神，喜創新和新鮮事物，實事求是，也比較喜歡投機冒險，具有領導能力，是個改革的執行者，因三方屬殺破狼格局，變動也較大，但會有聲名和地位，是破軍最好的宮位，若煞星沖照即屬破格，較奔波勞

碌，容易冒險好賭，招惹官非。丙、戊年生人不吉，因廉貞化忌、或擎羊同宮為害，是非官訟難免，宜多注意；甲、丁、己、癸年生人逢祿存，財官雙美。

破軍星七句詩籤

殺破狼格局衝勁十足，恐一生大起大落，起伏不定。

破軍：主夫妻、子女、奴僕。是三旗之一。

破軍北斗第七星，癸水秉智狡奸滑，殺氣耗性難免急，捷敏勇猛有雄威，
紫府天梁能制惡，文曲一生如貪儒，卯酉陷地無頭尾，鋭鋭剛尖須制用，
爭強權勢宜守正，陷加六凶尤不利，破軍七殺與貪狼，廟旺英雄不可當，
關羽項王為上將，庶民富足置田庄，破軍子午會文昌，左右雙雙朝拱照，
財帛豐盈多康諒，祿官會見左君王，破軍孤立最難當，紫府祿科權異喜，
若逢陷地兼加殺，破祖離宗出遠鄉，破軍不喜身命宮，廉貞羊火陀鈴見，
傷殘不免命拖磨，吉昌照福可改良，女命破軍子午旺，紫府逢之福壽昌，
性格才能淑賢眾，旺夫益子家聲遠，破軍女命不宜逢，羊火鈴陀加陷宮，
剋夫紛擾多紛爭，煩憂無主度朝昏，破軍二限細推詳，廟地旺位福祿昌，
更遇文昌同魁鉞，風光欣榮萬事亨，破軍二限真奇妙，廟旺無凶無損傷，

殺湊凶來防破耗，夫妻紛爭難和融，破軍運限血膿傷，失脫無常欠主張，女遇煞星主孝喪，血光產難災失節。

【司掌禍福，破耗之神】

破軍居寅申為

破軍之曜性難明，指其性格易變、多疑，喜怒無常，性急燥，喜冒險投機，獨立自主，富開創精神，較勞碌、波動。

破軍星化氣為「耗」

有破損之意，凡事必「先破後成」，做事「先難後易」，一生也起伏變化。破軍星五行屬水，故帶有桃花性質，尤其落入子午卯酉桃花地，人緣好交際手挽佳，桃花方面的八大行業，尤其是女命若逢煞，感情婚姻較為困擾，交際人脈人緣好要注意男女方面的問題。

破軍是不利錢財的星曜

為人雄威強勢喜逢祿存、化祿，會減少其破損，逢紫微主有威權，逢左、右、魁、鉞、化權祿，增其氣勢，使事業開創順利。

破軍星為武將

不喜與文昌、文曲同宮，因文、武星互相掣肘，反增孤寂與辛勞，但會對文藝古懂有特別興趣，歷經波折後，仍有成就與表現。

破軍個性較難以捉摸

有雙重個性，脾氣變化快，機詐表裡不做事強勢果斷，翻臉無情（辰戌位更明顯）愛出風頭，對剛認識的人很熱情，而對舊識反薄。

殺破狼格局

破軍居子午位，為「英星入廟格」，是破軍星最佳的宮位，有習正作用，其波動較小，性格果斷有主見，具有領導能力，初期辛勞，終能突破困境，獲得成功。

破軍於子位為加官進爵

喜表功帶頭逢吉星扶助，頗有成就。

破軍居午位又稱「水火既濟格」

甲、癸、丁、巳年生，無煞沖，權祿不淺，富貴之人，破軍居午位較子位佳。

破軍星另一格局，破軍坐命於寅、卯，破軍與文昌或文曲同宮，稱為「眾水朝東格」，居寅位對宮武曲、天相來朝，好勝心強，硬拚肯幹，有遠走他鄉海外發展之象，居卯位廉破同宮，積極進取，具冒險開創神。

逢昌曲同宮

古書云「文耗居寅卯，謂之眾水朝東」，如同水之東流窪地之所，再逢煞星、化忌沖照，主一生多起伏動盪，辛勤勞碌多刑剋，勞心費力過一生，如有吉星扶助，雖動盪可減少，但仍吉利不長久，華而不實，會有時不我予的感嘆，也不利晚年運。

唯僕役宮武破坐守

慎防損友受朋友牽連，防幫朋友出頭作保。

左輔、右弼星坐命

左輔、右弼星：輔佐甲級星，性善心慈。

*精文墨*好濟施*慈善心軟*輔助星*不宜單守獨坐*爛好人不分善惡（好壞都幫有功無賞）。

左輔星七句詩籤

為解厄。左右化科、功名可就。

左輔北斗主善星，戊土中正性無偏，輔助參君謀大事，府相機昌貪武會，
右弼同會三宮照，富貴多謀勝臥龍，羊陀火忌來居會，身中定有暗痔號，
陷地巨殺機下局，懷才不遇真可惜，左輔尊星能降福，彬禮敦正古今通，
紫府祿權貪武會，官商政脈多清貴，羊陀火鈴三方照，縱有財官非吉兆，
廉貞破巨更來沖，若無傷殘亦破財，女逢左輔主賢豪，能文能武志氣高，
更與紫府吉曜宮，金冠封爵政商界，火陀相會反不良，七殺破軍難為全，

空勞遠方才富足，聰明得寵暢開懷，左輔限行福氣深，常人富足壘千金，
官員更得科權福，職升高遷實非凡，左輔之星運限來，不宜殺湊主悲哀，
六凶吉曜照入來，財破人離不知終。

右弼星七句詩籤

右弼北斗亦主善，癸水文才全降福，耿直好施事謹慎，胸中謀略司馬賦，
文章顯彩身有痣，夫妻宮中若見依，二度佳期齊人福，府相昌曲紫官貴，
羊陀火忌沖宮照，暗痣斑痕略有傷，右弼天機上界讚，命逢福厚最聰明，
若無火忌羊陀會，吉曜逢時冠群倫，尊星右弼臨宮守，若有七殺主平常，
六煞凶星三方會，須知帶疾免災殃，右星入限最光榮，立命安身有大功，
士紳官商身顯名，常入財與富貴春，右弼主限遇凶曜，敗盡家資百成空，
強賓亦來欺弱主，家途窮破煩憂中。

左、右星重點再述＊最宜辰戌丑未之地

左右二星再會

紫、府、相、日、月、昌、曲——終身福壽齊全。

*左右二星會紫微、天府、貪狼、武曲、化權、化祿——主富貴榮華。

左右二星會忌
逢廉貞（主囚）、破軍（主耗）、巨門（主暗），不夭及殘，官刑災厄不免，亦忌四煞星（羊、陀、火、鈴）沖破——則貧賤多作公益可解。

左右二星單星坐命身
離宗庶出，會過繼他人，身有胎記。

女命身宮有左、右為標準幫夫命
賢淑志高，旺夫益子。

不宜單守入夫妻宮
不利婚姻，有二度婚姻的傾向。

左右二星亦不宜入子女宮
桃花紛爭多擾煩，對感情不清多作公益可解。

左輔、右弼星大同小異

唯一不同的是右弼星較帶有桃花，感情波折也多多作公益可解。

*左、右星各種格局*左右夾命為貴格*

若安命在未位，三月及五月生人，左右在午申相夾命，及安命在丑位，九月及十一月生人，左右在子寅位相夾者主貴，且一生多逢貴助，但必須本命宮廟旺無衝破，不然不貴僅有人緣而已。

左輔右弼身福厚

此指二星同處於身命，或在命宮無煞星沖破，則一生福澤優厚，如本命正星旺而無破，三合財帛、官祿宮，逢左右來朝合亦佳。

左右單守照身命，離宗庶出

若僅得二星之一守命宮，又無正星同度，主離宗或是偏房所生，不然作入贅之婿，若三合吉多無煞，亦有富貴雙全之命。

左右魁鉞為福壽格

若身命會合左右魁鉞四吉星，或逢三方拱照，一生多得貴人扶助，逢凶化吉，行運無驚險，再加命宮及三合正星廟旺，則富貴不小，一生無大風波，兼有福壽，故名為「福壽格」，女命得之旺夫益子。

左右廉貞擎羊遭刑盜

此二星最忌廉囚同度為破格，如人命坐左右或得一守照，卻逢廉囚擎羊同度來沖，有遭官刑並被盜劫之災，波折不免，行限逢之再逢流年小限遇巨暗相纏，再遇白虎相沖更凶。

左右財官兼夾拱，衣食豐盈

左右二星於財帛官祿來拱命，不論命垣之旺弱，一生衣食豐盈不短缺，若命垣加吉星更佳。

左輔右弼秉性寬厚仁慈

二星又名善星故為人寬厚量大，好施濟若與廉囚同宮又逢煞，反是奸滑凶惡之人，女命則多刑夫剋子。

以下六吉、六煞星單守命宮

大多數會與婚姻感情有關，論述夫妻宮為重點。

文昌、文曲星重要格局

文昌、文曲星在命宮的三方四正拱命，為人知書達禮，舉止優雅，博學多能，在學術、才藝有成就，主貴顯，如加會太陽、太陰星，出世榮華，有傑出表現。

甲第登科格學經歷好

文昌守命逢化科星，未逢煞忌沖，三方四正又有化權星朝合，人中龍鳳，頭角崢嶸，在眾人之中居尊崇地位，聲譽顯揚。

*辛干的四化是文昌化忌*文昌化忌，辛干屬金*

文昌本身亦屬金，金逢金，其從革之力量加強，煞氣較重，而產生消耗之現象，而化忌屬水，文昌之辛金又來生水，使文昌之力量消耗，而不完整。

文昌，司科甲，聰明好學

化忌加煞，易求學受阻，或學歷中斷，或考試挫敗落榜。書宮有文曲化科，才名顯耀，也確實有真本事，但對宮如果是文昌化忌，那學業必然坎坷，命中多輟學、學業中止、改換學校、留級、難以獲得專業證書等等可能。

文昌化忌不喜讀書或輟學

即使再擅長寫文章，也難以通過文書的路徑飛黃騰達，獲得很高的成就。在寅、午、戌化忌尤忌。與人作保而被連累。

文昌屬金，代表法律

故文昌化忌，其構想及行為，難免會有瑕疵，廟旺時，較能充分瞭解法律之條例，及認真思量溝通，故最後多能圓滿解決，落陷較偏於重利輕義，多是非，加煞時，官非刑訟之現象。

文昌星七句詩籤

南斗第五是文昌，辛金文魁又文貴，科甲文學清秀博，俊雅眉清儒文斌，
明機巧藝多才能，陽梁祿存財官照，富貴清華輪七院，巨機殺忌六兇星，
若在陷中被牽害，光名被敗財難成，寅午戌宮尤不吉，星情宜清細推詳，
文昌坐命旺官位，文才能華博學士，志氣清智慧根深，機伶明巧布清萍，
文昌守命實非常，吉星相會福壽長，只怕限沖逢火忌，夭折刑害有損傷，
女人身命值文昌，秀麗清奇貴風華，紫府對宮三合照，富貴勤家貴夫人，
女命文昌遇廉星，陷地羊陀火忌星，感情紛擾心拖磨，小三外遇壽難招，
文昌之星最為清，斗數之中第二星，太歲限運若相逢，科甲文章顯香名，
限遇文章落陷宮，更有羊陀火鈴忌，官非口蛇破家財，刑傷難免多阻礙。

文曲星七句詩籤

文曲北斗第四星，癸水科甲文華雅，伶俐善變有風情，貪狼吉星相照會，
翰林衙中有聲名，武貞羊破殺狼逢，居廟旺時是非常，若居陷地命夭窮，
午戌宮中陷身困，兌宮卦位紫天同，相逢富貴領大功，星情吉兇宜審詳，
文曲守命最為良，相貌堂堂志氣昂，常人逢之技藝精，官臣得紫衣封王，

曲星守恒情火忌，不喜三方惡來聚，巧言令色舌群儒，術中貴為大師尊，
女人命身有文曲，清容秀麗貴無價，精明伶巧不尋常，遇殺桃花怕滾慾，
大小運限文昌星，士人當年須發貴，更添左右會天同，財祿功勳步高昇，
二限文曲會羊陀，落陷宮中惹災殃，更兼命宮星辰弱，無吉改化入黃泉。

文昌、文曲星坐命

文昌星：輔佐之星，文魁之星，又名「文貴星」，偏文學。

*正途功名*科甲、名聲*重學問學術、口才佳*斯文有禮。

*聰明機巧*反應快有文采*

文曲星：輔佐之星，又名「文藝星」，偏舌辯、多才藝。

*異途功名*主學歷高科甲、名聲揚*才藝、口才佳*斯文有禮*聰明有桃花*反應快重表達。

辛干的四化是，文曲化科*

文曲主科甲，但為異途功名

（非仕途之功名，或為其他特殊之功名，如榮任某工會理事長、某學會理事長

等）故文學、藝術才華，雙雙出眾，化科時，更使才藝出類拔萃，並享有盛名，廟旺才華受人肯定及支持，並可因而人為發揮。

文昌代表文書（文科）

文昌最喜化科，因為文曲、文昌主學問、才華、文思，逢化科，表示學有所用，被別人賞識，抱負得以舒展，但逢化忌，懷才不遇，無人欣賞，遭猜忌、排斥，落難秀才被小人欺。

文曲化科的技藝性質

又令它與太陰、天機、天梁、巨門、貪狼一類與才藝天份有關的星曜合拍，或增加了技藝、語言、藝術、甚至術數的能力等等。唯對正途的讀書功名，則可能有所欠缺。

文曲不喜見動盪不穩之星曜

文曲主聰明稱之為來自于自身內在的能力象徵。過度聰明必成華而不實的奸詐之徒。落陷則虛有其表，浪得虛名而已。

文曲化科多才多藝

能幹，名聲好，有文藝天賦，風流才子，一生多豔遇，一生多酒色，在午地或戌地化科，處有其表，最喜在丑地化科，出世榮華。

文昌和文曲是對星

文昌主文才，主曲主舌辯。文昌為經國之正途，文曲為技藝之異路，所以利於理工。辛干的文曲化科而文昌化忌，即突顯了文曲異路功名的性質，也表示利於理工科而多於文科。

文昌、文曲二星若逢

「化忌」，學業受阻、有志難伸，又有文書契約、債券、支票，保證、印章之疏失。

逢煞星沖破，多為巧藝之人，一生忙碌，燈火辛勤，體弱多病多作公益可解其厄。

＊文昌、文曲二星＊

落陷又逢煞沖，虛名虛利、華而不實，好吹噓、性情反覆不定。

＊破軍加文曲＊

貧寒且須防「水厄」之災，莫近水邊。

＊貪狼加文曲＊

做事顛倒，不事正務，多虛少實。

＊太陰加文曲＊

落陷地易淪為九流術士，清貧孤高之人。

＊文昌、文曲二星＊

居福德宮為「玉袖天香」，富貴雙全，口才好（蓋死人）一生多豔福。

文昌、文曲夾命宮
為「貴格」，夾官祿、財宮亦吉，昌曲夾日月，富且貴。

文曲與祿存星同坐
三方四正會照文昌星，為「祿文拱命格」，才藝出眾，主富貴。

主星入命
得三方昌曲來會合拱照，若有化科或天魁、天鉞來合，主「少年登科」，名聲顯揚，三方四正會照天同、天梁或武曲星，聰明果決，才藝雙全。

武曲加昌、曲逢左輔、右弼
將相之材，文武全才。
*右弼加文昌——位至三台，富且貴。
*天魁、文昌加左輔、右弼相會——攀龍附鳳上九重，受貴人提攜，名利垂手而來。

昌曲加紫府三合拱照

為「魁星拱斗」有貴格。

＊文昌在三方四正會齊太陽、天梁、祿存（或化祿）為「陽梁昌祿」奇格，主財官雙美，參加典試，多能中榜或得獎。

六吉、六煞助星單守命格綜述

紫微斗數六吉星為文昌、文曲、左輔、右弼、天魁、天鉞星，都是貴人星、輔佐星，其優點多，缺點少。六吉星坐命，逢有力主星，格局佳，有「錦上添花」之力量，增添順遂如意。

若逢落陷無力之星曜，也有「雪中送炭」之功能，降低辛勞減輕其害，化解災厄（另加上祿存及天馬星則亦有解述為八吉星）。

文梁振紀格

天梁、文曲在午、寅位坐命，或天梁星居午位，文曲在遷移子位朝照，位至台綱，富貴雙全，文職位階尊崇，武職顯貴。

皇殿首班格

文昌坐官祿宮，逢廟旺太陽星，隨侍高官左右，蒙受恩寵提攜，必任要職，富貴雙美之格局。

祿文拱命格

文曲與祿存同宮，三方四正有文昌星拱照，未逢煞沖，因文學得財，並有名聲，富且貴之人。

輔拱文星格

文昌坐命宮，左輔星在三方四正會照，未逢煞沖，才華敏捷，官運亨通，出將入相，創業順遂，備受尊崇。

允文允武格

文昌、武曲同宮守命，或分處命身宮，文武兼備，有文才武略，有卓越成就與表現。

蟾宮折桂格

文曲星與廟旺太陰星同坐夫妻宮，男娶貴妻，女得貴子，或文昌坐命，文曲坐夫妻宮，夫唱婦隨，圓滿和樂。

魁星拱斗格

文曲居廟旺，未逢煞星沖破，紫微天府三方來朝，文曲為「文魁星」，得南北斗主星拱照，有才藝主貴顯。

昌曲夾命格

立命於丑、未宮，有太陰、太陽同臨，而得昌曲前後（左右）夾助，無煞沖，則富貴雙全，書云：「昌曲夾日月，富且貴。」此格以昌曲夾廟旺之主星為入格，均主貴顯。

陽梁昌祿格

太陽、天梁、文昌、化祿或祿存三方會照，顯貴榮華。

文星失位格

文昌、文曲星在寅、午、戌落陷守命，再逢煞忌或破軍星，勞碌不順心，即使勤學努力，也難有所成，名利受阻滯。書云：「科星居陷地或化忌，燈火辛勤。」科星為昌曲，落陷或逢煞，一生貧忙無功，昌曲逢化忌，還有文書是非之災。

桃花滾浪格

文曲星獨坐戌宮守命，三合會照太陽、巨門星，桃花如浪潮，滾滾而來，婚姻感情多困擾，波折不斷，如再逢桃花星，更應潔身自愛，以免因感情滋生煩憂。

天魁、天鉞星坐命

天魁星：天乙貴人，為「和合之神」，化氣為「陽貴、日貴」喜陽年、白天生人，更具貴氣，有文章之美，文藝之才華。司科名之宿（科甲）。

天鉞星：玉堂貴人，為「和合之神」，化氣為「陰貴、夜貴」如陰年、夜晚生人，更具貴氣，且有文章之美，文藝之才華，司科名之宿（科甲）。

天魁天鉞星七句詩籤

南斗助星是貴人，天乙丙火名天魁，陰貴丁火天鉞名，口快心直管閒事，

性慈悲惠好普施，文章秀士可登科，魁鉞拱命扶身貴，恒強宮旺無阻障，

命宮如逢貴不入，不沖兇星方無破，三命宮中有會得，蓋世文章才官貴，

魁鉞命身限遇昌，享福榮爵六親貴，家中並有喜慶餘，兇臨必定福減輕。

天魁、天鉞星特質共同點：

一、科甲、貴氣。二、人緣佳、逢貴助。三、具文章、文藝才華。四、性慈心善、直率。

※唯不同一為陽貴（明助、男性），另為陰貴（暗助、女性），天鉞星坐守較會有桃花，滋生感情困擾。

【天魁天鉞吉星】

陽貴〈顯〉與陰貴〈隱〉。

紫微斗數有兩顆一明一暗的重要貴人星：天魁與天鉞，總是會在危難時適時出現，伸出援手、提攜救助，能順利化解當事人遭遇的困厄，命身坐天魁、天鉞

或夾宮或三方會照之人，一生較有人緣，無論精神或物質常遇貴人相助。

＊天魁星＊

南斗第一助星，又稱天乙貴人，為「和合之神」，化氣為「陽貴人、日貴」如陽年、白天生人，更加貴氣，且有文章學問文藝之才華。司科名之宿（科甲高學歷）。

＊天魁貴人星＊

心直口快，性慈心軟，喜幫助朋友或作公益（濟人之困），人緣好，相夾或相拱，均有貴人相助提攜，任公職大多有魁鉞，在40歲以前有貴助，40歲以後，自己反為別人的貴人，可提拔庇蔭他人，這也是「受與施」的因果法則。

形貌：面青黃色，身材較高，地閣（下額）略小些，清秀聰明靈巧，男俊雅，女端莊，外表有威儀人脈關係好。

＊天鉞星＊

南斗第二助星，又稱玉堂貴人，亦為「和合之神」，化氣為「陰貴人、夜貴」如陰年、夜晚生人，更有貴氣，且有文章學問高又有文藝之才華，司科名之宿（科甲學歷高）。

形貌：面紅黃色，臉較方一些，身材高，略瘦，其餘與天魁星同。

天魁與天鉞星特性有些相同人脈關係好喜公益助人，唯一不同的是天鉞星帶有「桃花」性質，所遇到的貴人大多為「異性」，也容易滋生感情問題。

天魁、天鉞星重點敘述

*與日、月、昌、曲、左、右同宮會照，主早年揚名、平步青雲，男命娶得美妻，女命則為貴婦*行限逢之，事業順利增財，官員高陞，女命逢貴人緣好，昇遷順利貴人提拔，遇危難能逢凶化吉。

魁鉞於命身

人緣佳，有年長貴人，大多少年得志，上卿，主貴，坐要職，書云：「天魁、天鉞，文章蓋世」，學歷好文章為進身之階。

魁、鉞、昌、曲、祿存會合身命

無煞破，主貴顯，若魁、鉞夾財官亦佳，夾他宮次佳，唯須視所夾星曜而論，穩定有力主星尤佳人脈關係好。

無論陽貴、陰貴

一生逢凶化吉，一切順利，逢煞辛苦一些，中年以後是別人的貴人，提拔賢才。

*因為有人緣，唯一顧慮的是桃花感情方面的問題，尤其是「天鉞星」，大多是女性貴人，容易滋生感情困擾。

魁鉞昌曲祿存扶

無刑煞沖合，貴至台輔。

此五星會合於身命無煞主貴，或昌曲夾命或魁鉞夾命或魁鉞夾命亦主吉，若從政為官顯貴。

魁鉞夾命為奇格

如壬癸年生人，立命辰位。丙丁年生人，立命戌位。若命垣廟旺無煞破更吉，魁鉞夾財帛、事業、遷移亦佳。

魁鉞身命多折桂

身命逢魁鉞而乘旺，多少年得志主貴，擔任要職，書云：「天魁天鉞蓋世文章學歷高」，古時也以文章進身，亦是主貴顯之意。

天魁天鉞多主夫婦美麗

貴人之星入夫妻宮，主夫或婦美貌，加吉星廟旺，多得配偶之扶助。男得妻助，女嫁貴夫。若逢祿存星入夫妻宮，娶妻帶財，入子女宮，因子得貴尤佳。

魁鉞單守子有貴

貴人星落入子女宮單守，主子女有貴，但必對宮田宅正星廟旺方論，不然平常，逢煞沖有損。

魁鉞單守財宮，主清高一生遂意

貴人星單守財宮，多取清高之財，且足用遂心，但亦有不富，此局必須福德宮是廟旺方吉利。

魁鉞主父母榮貴，加吉曜享壽元

貴人星入父母宮，正星逢廟旺，主父母得意，命造之人蒙受父母照顧，無煞有吉，則主父母也享高壽。

天魁、天鉞星特要格局

坐貴向貴格

命盤居丑、未兩宮，稱為貴人位，逢天魁、天鉞貴人星在命宮或其遷移宮（對宮）相對照，有文才，一生逢貴人提攜相助，逢凶化吉。

魁鉞夾命格

主星廟旺坐命，逢天魁、天鉞鄰宮夾助，亦為奇格，人緣佳，一生逢貴助，福厚。

天乙拱命格

主星廟旺坐命，三方逢天魁、天鉞拱照命宮，增主星氣勢，一生也逢貴助，工作事業順遂。

天魁、天鉞星坐命

天魁：天乙貴人主和合，化氣為陽貴日貴喜陽年、白天生人更具貴氣，有文章才藝之才華。司科名之宿主科甲。

天鉞星：玉堂貴人和合氣之神，化氣為陰貴人、如陰年夜晚生人更具貴氣，且有文章文藝之才華，司科名之宿也主高昇。

*天魁、天鉞*坐貴向貴格*

甲戌年生人命宮居丑、未兩宮，稱為貴人得位，逢天魁、天鉞貴人星在命宮或其遷移宮（對宮）相對照，有文才，逢貴人提攜相助，凡事逢凶化吉。

【祿存星綜論】

祿存星：司掌福壽財祿之星

*天祿星（財祿）、掌福、壽、祿逢凶解厄、耿直穩重宅心仁厚、多學多能、祿存逢吉入命身、財、官、田，福澤深厚。

祿存星重點敘述

祿存守於財位，積玉堆金

此星尤以財帛及田宅為廟樂之鄉，祿存落財田二宮財富豐茂，但須有正星旺地同度方主厚福，如單守或陷而逢破則不聚財，多暗耗破損（祿逢沖破）。

祿存遇化祿，會身命大吉

如人身命同宮雙祿坐守或雙祿分處於身命二地，而其正星廟旺，吉不可言，若雙祿在財官二方來拱命或在命與遷移二地交馳，亦是大吉，主一生福厚，名利雙收之格。

明祿暗祿，位至公卿

明祿即祿入命垣或對方來照或三合來會，暗祿即與命宮暗合之宮（暗合即指六合），如子丑暗合，寅亥合，卯戌合，辰酉合，巳申合，午未合，有祿存入暗合之宮位，即謂之「明祿暗祿格」均需乘旺吉多方為福，不然只虛花。

雙祿守命，呂后專權

此格論女命雙祿坐命，太過旺盛，因過旺則專權，反是主權力慾望多，情慾也重。

祿逢沖破，吉處藏凶

祿存陷落固不能為福，若是乘旺而有火鈴同宮，則主吉中藏凶，逢煞運限，終必破敗。又如行限逢祿存乘旺，而流年有惡煞同宮來沖破，此年必有佳兆，因此佳兆而發生破敗損耗。此指吉處藏凶之意。

祿存子午遷移位，身命逢之利祿臨

安命於子或午位，對宮遷移有祿存乘旺來朝大吉，名利皆至，此格又名「活祿子午遷移位」，但若單守則不利，反主流蕩天涯，一生少貴助，兼是辛勞不免。

祿存厚重之星，衣食豐足

此星有消災解厄之功能，若乘旺入命，無煞沖，則一生衣食不愁，享福報，尤以女命更佳。

祿存司貴爵、福、壽、祿、消災解厄之星

紫微斗數六吉星外，另有一顆重要吉星，又稱天祿星（望文生義即上天恩賜的財祿），為財星、吉星，其化氣為「富貴財祿」是顆貴爵之財星，又掌人間「壽基」之星宿，在紫微斗數十二個宮均為「福星」，尤其喜入命、身、財、田、遷移等宮位，是顆扶強助強，吉上加吉，錦上添花的福星。

祿存星司掌「福、壽、祿」

有逢凶解厄之功，因為祿存為財星，平常較節儉、孝順、顧家，祿存星又為厚重之星一生食祿免煩惱，可化解煞星之害，最忌單守，如被擎羊、陀羅夾制，主勞祿命富屋貧人節儉成性。

祿存星逢煞忌，正星又居陷地

形態孤寒，刻薄守財奴寒酸之性，要逢吉星才有君子度量，心慈耿直，聰明機變，多學多能人脈關係好。

祿存星坐命身宮的人，錢財大多不虞匱乏，又懂得積存，只要三方四正未逢煞忌，一生衣食無憂。

祿存星既稱「天祿星」

意指其財源「從天而降」，時常快斷炊沒錢時，突然有各種機會進財，嘴乾茶便到，源源不絕，彷彿是上天賜予的，此得天獨厚之福報，擁有祿存星坐命之人應善珍惜之多作公益增加福分。

天府星「孕育天地母、無極掌乾坤」

聰明清秀，節行高操，政商人脈好，學習力強，博學多能高雅清貴，為主管老板格，本性作事穩定、安份守己，為人謹言慎行喜作公益，一生較為平穩。

天府為祿庫星

主財帛錢財投資、田宅，逢吉則一生衣食無憂喜作公益。

*祿存星重要格局*雙祿朝垣格*

命、財、官、遷三方四正有祿存、化祿同宮或拱照，未逢煞沖破者，又稱為「祿合鴛鴦格」，終身福厚，財官雙美之佳格。

祿存星七句詩籤

祿存北斗第三爵，己土祿馬交馳壽，十二宮中盡可游，慈機應變多能學，
降福消災厄全伏，巧藝精榮事事亨，命宮官祿田宅位，定事貴人常隨身，
人生若遇祿元來，性格中強事全能，昌曲文官武將通，近貴文武喜相隨，
祿存守命莫逢沖，陀火交加福減半，六凶星君不宜多，身然自在食無憂，
女命祿存守命中，紫府加臨百事寧，更遇同貞相照合，一品夫人定是依，
祿存入命遇凶宮，六凶四邊盡相臨，若無吉曜相加助，婚姻難免欠和諧，
祿存在限亦為良，作事求謀大吉祥，仕農工商總相宜，富貴財田足糧倉，
祿存主限壽命長，作業興榮大吉昌。

祿馬交馳格

祿存與天馬同坐命、財、官、遷或田宅宮，未逢煞沖破者，財祿豐盛，名利皆至，在奔動忙錄中財源廣進，一生也有往外發展或多旅遊之機會。

祿馬配印格

天相為印星與祿存天馬同坐命、財、官、遷或田宅宮，此格除逢「祿馬交

馳」並逢掌印之天相星，不但有財祿，且掌威權，名利雙收之格。

祿文拱命格

祿存與文曲星同宮坐命、加會文昌星三方四正拱照，主富貴雙全，因文職、文藝而得財，如未逢煞忌，名聲顯揚。

財祿夾馬格

天馬星坐命，鄰宮有武曲財星與祿存（或化祿）夾助命宮，未逢煞沖，此稱「財祿夾馬格」，財源活絡豐盛，愈奔動愈生財，如又有吉星與天馬坐守更佳。

權祿巡逢格

命宮三方四正有化權、祿存或化祿會照，此為「權祿巡逢格」，一生順遂事業榮華，財官皆美，如逢煞忌沖破，則較辛勞、庸人自擾的個性。

科名會祿格

命宮逢化科，三方四正有祿存或化祿拱照，才華出眾，名聲顯著，財名皆至，唯忌煞星沖破，科名受損，滋生困擾。

羊陀夾祿（忌）格

祿存單守命宮，逢擎羊、陀羅夾制，主孤與辛勞，若再逢空、劫、煞湊合，婚姻不美，多隔離難和諧。如祿存逢落陷主星化忌同宮，為「羊陀夾忌格」，孤貧刑剋，較難順遂。

兩重華蓋格

祿存與化祿同坐命，偏逢空劫沖破，稱為「兩重華蓋格」，吉處藏凶，表面風光，華而不實，主孤僻眼高虛才，較喜參雜宗教有緣，空門禪修五術反主清福。

*火星、鈴星坐命*論火星*

性剛、火暴、急躁、不服輸、爆發力強、刑剋多災、不利感情、衝動、破壞力強、幼年有傷痕外出發展可開創新機運。

紫微斗數六煞星，分別為擎羊、陀羅、火星、鈴星，還有地空、地劫兩顆較

「傷腦筋」的空亡煞星，它們對人生之命運會造成很大的打擊和阻礙，但是如果能善用其長，避其缺陷，再與他星組合變化，也能有非凡的成就。（另有兩顆空亡星，截空與旬空也對運勢影響具有殺傷力）主要以單守命宮的格局說明。

火星玲星七句詩籤

南斗浮星丙火烈，燥暴剛猛難服人，浮玲難靜聲響動，膽大愚猛無思慮，
心直口快無秘密，性急狂望志難堅，男女個性都如此，只恐為人無耐心，
火鈴二限貪狼會，更加吉曜入廟旺，何人得遇可為福，限運無凶萬事昌，
火鈴限運怕落陷，吉隱凶浮多阻障，六親受剋難得解，疾厄破財兇禍災，
女命火鈴尤可忌，命身逢忌損傷多，三方無殺貪狼會，方可安心相閨中。

命坐火星逢擎羊或陀羅

幼年多災難，性急躁進欠思考。

財帛宮逢火星

大好大壞花錢不手軟要面子。

凶。

命坐陷地剋害六親
且有官災，患疾病多作公益可解。

火星、鈴星夾命為敗局
夾其他宮位亦受制不吉多作公益可解。

凡煞星守命（羊、陀、火、鈴）主刑剋
在其他宮位則有破壞力。

火星、擎羊居廟旺會合，為「火羊格」
武職武市顯榮，立功邊疆大盤商。

*火星逢劫空滅凶*利東南生人（木生火）*
不利西北生人（火剋金），居寅午戌入廟，申子辰為落陷多作公益可化其

火星與貪狼同宮逢化祿，形成火貪格
「火貴格」，財富遽然而橫發，也有所突出發展。

火星獨坐命宮居廟旺
也有特殊表現，但較辛勞艱苦。

*火星因太烈逢紫微、天府、七殺、貪狼、擎羊可制其惡性化為吉。

鈴星特性論斷
*固執、倔強、韌性、不服輸、欠缺耐性、情緒化、機巧、判斷力強、刑剋多災，傷殘破相、性剛不馴、有潛在巨門特性。

命坐鈴星逢擎羊或陀羅
幼年多災，形貌不清，或傷殘破相延生。

凡煞星守命主刑剋
在其他宮位則有「破壞」，尤以西北生人不利六親，主傷剋，東南生人及寅

午戌生人反主伶俐、急智，有福。

與廉貞、擎羊同宮

勇猛好鬥，宜軍旅武職軍警界。

與七殺同宮

如不會其他吉星，主凶危多作公益可解。

與破軍同宮

無吉星，做事難成主破敗多作公益可解。

與文昌、陀羅、武曲交會於辰戌宮位

為「鈴昌陀武格」行限逢之，有水厄之虞。

鈴星逢劫空

可解其害反為吉祥，鈴星與貪狼同宮逢化祿，形成「鈴貪格」，事業財富遽然而橫發，也有所突出發展，也適合武職。

＊鈴星獨坐命宮逢吉星居廟旺＊
也有特殊表現，但較辛勞艱苦。

＊鈴星逢紫微、天府、貪狼＊
可制其惡反化為吉。

＊鈴星落入財帛宮＊
有偏財，逢祿存、化祿更佳。

◎火星、鈴星都有橫發成就的機運
但若無主星或吉星相助，雖發但不耐久，即所謂「橫發也橫破」，但其韌性強，破敗後會重新整裝出發，仍可創造另一次成功的機會。

火鈴廟旺單守

亦有富貴，但美中不足，六親無助，或父母早亡，或刑妻剋子，刑剋重（逢有力主星或貪狼可解）。

擎羊、鈴星，命身各一或同宮

為雙煞入命，孤剋貧賤，或傷殘破相，勞心勞力一生無作為。

鈴星守命垣，羊陀湊合

孤獨棄祖，破相傷殘多作公益可解，一生辛勞宜出外也可創出一片天。

火星遇天馬星為「戰馬」

有幹勁，衝刺力，逢吉助或可創出一番局面，逢凶星，艱辛無比，也容易出意外。

火星鈴星夾命為敗局

此局僅寅午戌生人方有，但亦須本命正星不佳，陷弱或逢沖破方論，若廟旺有吉，僅主多遭人嫉妒，一生有小人近身宜注意。

火星天馬為戰馬

二星守命主在外辛苦，若有吉星廟旺同宮來扶，雖有富貴亦主一生中在外有凶險破敗，僅得貪狼同度可免災反吉。

武曲羊陀兼火宿，喪門因財

此類格局以武曲財星與火星同宮坐命或行限逢之，有羊陀相夾或沖照陷地則為財而損傷。武火同宮寡宿濃，結婚後多離異。

鈴星旺地守命立武功

鈴星於廟旺之宮入命，主其人聰明反應快，身手敏捷利於武職，三方會吉武職顯功名，此格女命較固執。

火鈴於廟旺之地單守命宮亦有富貴

煞星坐命，美中不足一生較為辛勞，早年離祖或父母早亡或多剋妻或無子嗣，女命亦不利感情，得貪狼對照可解。

擎羊鈴星為下格，多災多難

二煞星同度入命，雖廟地亦不作吉論，若於子午卯酉四敗之地，孤剋下賤且多遭凶及刑責或傷殘破相，會七殺亦凶，此二星守命，男女多勞碌。

刑囚鈴星遭刀兵

此三星（擎羊、廉貞、鈴星）會合於命垣或行限逢之，主有刀兵之凶或亦外刑商，得祿馬可解救。

七殺鈴星陣亡夭折

二星入命宮若行限不穩，主意外傷殘多作公益可解。

鈴星破軍奔波勞碌財屋傾

二星入命宮多刑剋奔波，一生辛勞孤獨，縱有小成就，立即有破損，也不利錢財，鈴星為火，破軍為水，水火不容也。

*貌美情濃*才藝之星*

天姚星：五行屬陰水

為才藝之星（多才多藝），聰明機靈、貌美豔麗、感情豐富、有異性緣，文雅風流、人緣佳，喜交際應酬，天姚星雖感情豐富但不專一，心無定性，男風流多情，女豔麗情濃。

星情：主愛慕、才藝，桃花、人緣、感情。

【天姚星組合變化】*宜入寅卯酉戌旺地*

伶俐有才情，人緣佳，具異性緣交際關係好，利於從事柔與美等行業，如落入其他宮位較不吉。

天姚星若逢桃花星

廉貞、貪狼、紅鸞、天喜、沐浴、咸池等桃花星，會耽溺酒色，因色惹禍，若逢惡星多主刑傷受害，防感情紛擾免受災。

命坐天姚，天生具演藝格

（或運限走到亦同）會紅得快，但行限一過也退得快，起落不定，有如「鏡花水月」。

天姚逢吉星則乘旺

有文采學術、超凡脫俗多才藝，有獨特風格，利於從事藝術、娛樂、造型、設計、服飾之類工作。

天姚落陷或逢四煞

化忌等星，多作公益可解其惡，賭、酒、色而破敗，或感情困擾，身心煩憂。

天姚入遷移宮

出外有人緣，入福德宮為感情煩心。

入財帛宮逢煞因色破財

喜乘旺入命身、事業，發揮其才藝有一番成就。

大小限、流年逢天姚

若該宮位引動鸞、喜、廉、貪等桃花喜慶之星，不用媒妁之言，即招手成婚。

【談擎羊、陀羅星坐命】

*命帶刑傷有刑剋，煞星變吉星*性剛、孤僻、衝動，易有暴力傾向*機謀果決，有利武職武市發揮*宜離祖出外鄉發展也可富守一方。

擎羊星重點敘述

擎羊入六親宮，主刑傷意外、孤剋、寡合多作公益可增福。

擎羊落陷宮位（子午卯酉），剛燥暴淚寡恩負義，人緣差招是非，有刑剋多凶危多作公益可增福。

擎羊羊刃陀羅星七句詩籤

北斗浮星羊刃庚，權霸詭謀狡奸猾，陀羅辛金北飄浮，暗痣個性如甘草，

吉曜若能相牽助，兩星尤原福無邊，祿前擎羊後陀羅，軍警逢之福祿加，

更得貴人相守照，惡性深隱現奇功，二星命身性剛強，四墓庫地福壽長，若落陷宮性耐差，六凶加來夭絕中，天羅地網位最忌，運限沖照災厄傷，若無吉曜助化厄，道旁惡死定是依，夾身夾命無自由，上親下輩賓亦欺，忍耐謙和為第一，不然恐怕永難休，多作公益可增福。

擎羊落陷逢廉貞、火星、巨門、化忌入命

招刑相剋多官非，身有傷殘難善終，唯五術禪修也可化，多作公益可增福。

擎羊逢白虎

身上疾患有暗病，與陀羅、鈴星同宮腰駝背曲貌不揚。

擎羊會合太陽、太陰於命身宮

男剋妻，女剋夫，六親寡合，財難聚，多作公益可增福。

擎羊會左輔

右弼、文昌、文曲，有暗痣或斑痕。

擎羊在午宮獨坐落陷
為「馬頭帶箭格惡傷格」，武市職崢嶸，但非夭即傷，飄泊困苦，多作公益可增福。

擎羊星與天機、天梁同宮
早年刑剋，晚年孤獨，容易入迷於宗教五術，多作公益可增福。

擎羊星坐命之人
童限大多有跌撞刑傷或意外血光之災的痕跡，多作公益可增福。

命坐四墓廟旺地（辰戌丑未）
刑剋少，有機謀，為「擎羊入廟格」，威權出眾，適武職，富貴顯揚。

火星與擎羊同宮居廟旺
以惡制惡，形成「火羊製惡格」，有激發力，武市職顯榮，立功邊疆或角頭大哥，多作公益可增福。

擎羊居午與天同太陰同宮

艱辛奮鬥，衝破困難，先敗而後發會有所成就。

擎羊星喜逢紫微或天府

可制服其惡，並化為助力，增加威權有實力的老板董事長。

擎羊星廟旺之地，或逢天姚星

從事外科、牙科醫生，工程師、軍警，或電機、鋼鐵、五金、化工、汽車修護或美工設計、雕塑、園藝、烹飪之行業，可化解刑傷，發揮其長，會有突出表現的成就。

擎羊星坐命性燥剛烈

若遇溫柔善良之配偶或朋友，多作公益親近文藝方面事業，可發展出一片天地達趨吉避凶之效果，使擎羊星優勢發揮，有助其功成名就。

陀羅星特有個性
*遇事拖延*麻煩糾纏*剛強、粗暴*磨蹭（延誤良機）*破財、破相*孤獨、韌性強*宜離鄉出外發展*有利武市職業發展，多作公益可增福。

陀羅居陷地
奸滑、心術不正，做事進退，橫成橫破，一生飄泊起伏。居廟旺，武市職業可顯榮，但要有耐性多作公益可解其厄。

陀螺逢貪狼同宮
酒色成疾，因色犯刑，為「風流彩杖格」，多作公益可增福。

陀螺逢火星或鈴星同宮
主傷殘有疥疾或暗疾多作公益可解。

陀螺與破軍同宮
起伏不定，多主橫發橫破多作公益可解。

陀螺逢日月
男剋妻，女傷夫，六親寡合，會有眼疾，多作公益可增福。
*入命或疾厄宮，會「暗疾糾纏」，有長瘤病症多作公益可解。

陀螺逢機梁
早主刑剋，晚主孤寂，多作公益可解。

陀螺在命宮坐四墓廟旺地（辰戌丑未）
刑剋少，較有福分與擎羊星同。

陀羅星若紫微或天府
尚可制服其惡，並化為助力，增加威權。

陀羅坐命
有拖延之特性，凡事要積急點先難後易，宜加強學術或技藝，並以腦力為主之行業，必可趨吉避凶。

＊陀羅坐命＊

如在穩定中求成長，穩紮穩打，為人服務或領固定之薪資維生，保守中求進步，一生亦能平穩無憂。

＊擎羊入廟格＊

擎羊於辰戌丑未四墓地坐命，四墓地可制擎羊之凶煞，保留其韌性與衝勁，威權出眾，富貴名揚，如加逢火星，形成「火羊格」，其威勢更卓然不凡。

＊羊陀夾忌格＊

祿存、化忌同在命宮，羊陀雙煞星於鄰宮相夾殺，孤貧刑剋重，諸事難遂意，多作公益可增福。

＊人離財散格＊

太陰星座陷宮化忌又逢擎羊，孤剋刑傷，波折不順，錢財難聚多作公益可解。

因財持刀格

武曲化忌會擎羊或武曲七殺會擎羊，為錢財與人起紛爭，甚至反目成仇，是非爭執刑傷，此格之人或行運逢之，遭劫財損傷，難以順遂宜注意多作公益可解。

風流彩杖格

貪狼羊陀會合，因色惹是非防刑訟，命坐此格或行運逢之，應忌賭、色，以免惹禍多作公益可解。

*泛水桃花格——貪狼遇陀羅在亥位為泛水桃花格局（居子午加擎羊亦同），如無煞加吉亦主富貴，唯好色多豔遇，一生酒色心迷，異性緣好，感情複雜多困擾。

鈴昌陀武格

鈴星、文昌、陀羅、武曲，此四星入命，行限逢之，有災禍大破敗，逢吉星祿馬來救可解則有驚無險。

馬頭帶箭格

書云：「天同擎羊二星居午位，鎮業邊疆。」福星天同居午位與太陰同宮，為落陷守命，主飄泊、刑傷，爛桃花感情波折。

若居午位與擎羊同宮，主武職顯榮，如無吉星扶助，意指早期創業有成，名聲顯揚，無吉曜扶助，會遽然而敗，終究破損，無法持續守業，多作公益可增福。

擎羊單星居午位，亦稱「馬頭帶箭格」在午宮獨坐落入陷宮，雖武職崢嶸，但非夭即傷孤獨無依無貴人，飄泊困苦，多作公益可增福。

*天馬星特要格局*馬落空亡格*

天馬星遇空亡星（天空、截空、旬空）多災多難東西變換無停，終身奔走勞而無獲，又稱「空馬」、「死馬」，逢地劫星勞苦不安，逢祿存星加空亡星，則「祿空馬倒」，亦不為吉，東西南北走無停，遷移安居也數次。

梁馬飄蕩格

或稱「天竺行僧格」，天馬星於巳亥位與天梁同宮，遠赴他鄉發展，主飄蕩勞碌，公益多作也可安身立命外方發達立江山，逢祿存星同宮或三方會照大吉無不利。

祿馬交馳格：外方發展立江山

逢祿存星（或主星化祿），愈奔動愈有財祿，主名利雙收之格局。

財印坐馬格：政商關係良好

天馬居寅申位，必與武曲、天相同宮，大多離鄉往外發展，有突出表現與成就，逢祿存星（或武曲星化祿），形成「祿馬佩印格」，權祿皆至政商關係良好，更加吉利。

天馬為坐騎，故「馬走千里，要人御之」，馬須逢伯樂，遇紫府、武曲、天相、日月、祿存等吉星，均主大吉利。

「馬不能獨往」，無人御轠，則橫衝直撞，毫無目標，故天馬獨坐命宮為「獨馬」，主四處奔走，人生無目標所以要有計畫的處事，不然會先作不順才來後悔就不好。

天馬助星坐命

天馬星：好動奔忙勞碌之星。

*性慈厚道、磊落耿直、好動、勤快、奔波、天馬星只落寅、申、巳、亥，四馬之地。

*天馬星特點敘述*天馬加陀羅為*

天馬遇陀羅為折足馬敗腳馬，凡事阻礙不前，作事多托啦半途而廢，無耐心嫌麻煩所以事與願違，多作公益可增福。

天馬加火星為

天馬加火星為戰馬，有幹勁，衝刺力，逢吉助可創業創新作出一番新局面，逢凶星，艱辛勞苦容易出意外。

天馬星逢化忌星

天馬星逢化忌星為病馬，是非爭端，煩憂鬱悶不順心多作公益可解。

＊天馬加七殺、擎羊為＊
負屍馬，費心勞力，暴躁狂進徒勞無功多作公益可解。

＊天馬加鈴星為＊
馱馬，為人作事作嫁衣，常吃力不討好多作公益可解。

＊天馬逢破軍或天機為＊
奔馬，較大的波動、奔忙、身心勞碌多作公益可解。

＊天馬逢太陰為＊
財馬，主富有財運，逢太陽為——貴馬，主貴顯政商關係好。

＊天馬逢武曲、天相為＊
財印坐馬，外出他鄉能發展，財官雙美政商好。

逢紫微、七殺為

權馬，掌權柄，遇紫微、天府，主官貴政商貴人多。

天馬最忌逢空亡星

（天空、地劫、截空）會白忙一場，徒勞無功亦即「天馬行空水中摸月」多作公益可解。

天馬如逢桃花星

女命交際手挽好（桃花野馬交流關係複雜）多作公益可解。

天馬星又稱為「驛馬」

因此最喜與祿存星（或主星化祿）相逢，為「祿馬交馳」，愈奔動愈有財祿，主外交好機靈智慧政商好名利雙收。

*天馬依所落宮位主星好壞而定，視組合論吉凶。

*喜身命同宮逢祿存、化祿，雙祿交馳，財利皆至。

天馬入夫妻宮

男命得妻助，女命因夫而貴，本身（女命）也有幫夫命，唯天馬入夫妻宮，不宜再逢桃花星如廉貞貪狼天姚之星會有感情方面的困擾。

天馬加祿存若逢空劫則

祿空馬倒，空忙無功，美中不足多作公益可解。

天馬會巨門星

小心交通事故或意外之災防口舌是非多作公益可解。

大小限逢天馬

奔波勞碌變動大，視其星曜組合論，也是行運起伏轉機的時候。

命裡逢空劫，不飄流也主疾苦

「地空乃空亡之神，守身命，作事進退無常，成敗變化多端」；「地劫乃劫殺之神，守身命，作事疏狂，不行正道」多作公益可解。

命無主星或陷地逢破

主漂泊孤疾，或則帶疾延年，一生勞心辛苦，大財難聚，若逢強有力主星同坐可化其兇。空劫守命身，亦參論其從事行業別及正星坐落，而定貧富貴賤。

劫空臨財福之鄉，財耗難存

如本命無格局，主星又居陷弱，空劫居於財帛、福德宮（例如命坐午位，卯酉時生人），其同宮財福之正星亦弱，主其不善理財，財到手化成空，大財不易積存，故一生較貧苦自樂。空劫二星不論入何宮位，均主處事不順，多作公益可增福。

劫空夾命為敗局

如安命在亥位，空劫在子或戌；命在巳位，空劫居辰或午相夾殺，為「空劫夾命格」。歲限逢之凡事難順遂，若夾忌主更加尤凶，有刑傷、孤貧、災劫。

*若命宮主星入廟旺，三方會吉曜，則空劫夾命為禍較輕。

*若命宮之星落陷或與煞星坐命，三方又不見吉扶，為禍最烈事業無成財源難聚，一生多勞多苦飄泊不定多作公益可解。

空劫二星仍虛耗破敗之宿

夾命垣或夾各宮位，均屬不利之敗局多作公益可解。

生逢劫空，猶如半天折翅

命身逢二星坐守，而正星陷地，或逢煞沖破，主夭折破敗。書云：「生逢空處，猶如半天折翅」，身命逢之宜離祖出外鄉，若逢本命身宮正星廟旺則災厄較輕，若有紫府、祿馬来解則反為吉利有貴人助之，有點自我滿意而帶孤僻。

如行限各逢其一坐守，亦主災厄不順，若逢吉星，禍患較輕；若陷地逢煞，則大破財多作公益可解。

故經云：「項羽英雄，運至地空而喪國；石崇豪富，限行劫地以亡家。」由此可見空劫之危害，命身、行限逢之，皆應步步為營，保守謹慎小心多作公益可解其厄。

命中遇劫尤如浪裡行舟

地劫乃劫殺之神，性偏做事疏敷狂暴，較不行正道，專為邪僻騙天騙地小人行為；地劫坐命之人，其一生行運起伏不定，如浪裏行舟，常怨歎生不逢時，才華易被埋沒，大成大敗變化多端，辛勞奔波且孤僻心勞竟苦。猶如在驚濤駭浪之下行船，隨時有翻覆之危險，多作公益可增福。

命宮有地空、地劫者

空則不貴，劫則不富，倘有富貴則中途也遭挫折而至破敗。若逢吉星扶助，僅成敗起伏，災厄較輕；如若加煞忌，則大凶，運限逢之都同論多作公益可解其厄。

書云：「劫、空為害最愁人，才智英雄誤一身，只好為僧或學術，縱堆金積玉，也須貧。」因此，命逢劫空之人，宜多作公益學一專技在身，知足少慾可保安康。

空劫羊鈴定做九流術士

歌訣曰：「空劫羊鈴」等星，係指地空、地劫、擎羊星、鈴星，如果命宮或身宮，出現了以上的星，便會成為「九流術士」。依古書記載的九流，意指：「儒家、道家、陰陽家、法家、名家、墨家、縱橫家、雜家、農家。」

空劫羊鈴四星分居命身

若正星不旺，屬市井百工之人上班族，貧苦勞祿，難有大成就。受傷帶疾多災多厄，多作公益學一技之長，或命卜星相，醫藥哲學，林泉僧道，也可安身立命多作公益可解。

六煞星座命如遇主星廟旺逢吉星扶助

奮發圖強能突破困境，亦可成為「師」字輩，名聲顯揚，寡慾清修多作公益安貧樂道，知足惜福，仍有卓越的成就，備受尊崇大師宗師也可成名。

地空、地劫星坐命

紫微斗數有四大空亡星，其中以「地空、地劫」殺傷力較大。

此二星，是紫微斗數六煞中最令人「防不勝防」的兩顆傷腦筋星曜，尤其不利於錢財、事業、婚姻，屬於突來的災禍，讓人措手不及，讓人生旅途增加了不定的變數突然發生讓人有生活之中嚴重的打擊。

地空星：代表「有型的物質為物空、意外變成一無所有」，猶如遨翔空中的飛鳥，毫無預警，突然「半空折翅」。尤其在精神心理方面的影響遭受到破壞一樣多作公益可解。

地劫星：代表「災難、劫煞、意外之災、無妄之災」好比行舟於海上，遇洶湧波濤，起伏不定，故稱「大浪裏行舟，有翻船的意外」。尤其在物質方面的影響會有所損失多作公益可解。

命、身宮坐地空、地劫或大小限、流年逢時，必須要特別的注意，處事小心，不可大意，千萬不能躁進，尤其不宜再增加投資作大，否則為害匪淺有時會一敗不起多作公益可解。

*地空、地劫星格局綜論*命裡逢空，不飄流也主心勞苦*

地空、地劫乃虛耗劫殺之星，古云：「地空乃空亡之神，守身命，作事進退無常，成敗起伏變化多端」；「地劫乃劫殺之神，守身命，作事疏敷狂暴不納人言，不行正道鑽牛角尖望曉幸這是危險的投機行為」，多作公益可增福。

命宮無主星或陷地逢破

主漂泊不定頑固性孤有暗疾，或則身帶暗疾不順憂鬱，一生勞苦大財難聚，若逢強有力主星同坐，其災可免多作公益可解其厄。空劫守命身，亦參考其從事行業別及所配星曜坐落而定貧富貴賤工人或基層員工，多作公益可增福。

劫空臨財福之鄉，財耗難存

如本命無格局，主星又居陷弱，空劫居於財帛、福德宮（例如命坐午位，卯酉時生人），其同宮財福之正星亦弱，主其不擅理財，財到手變成空，不會理財，故一生較辛苦自樂。空劫二星不論入何宮位，均主事業家庭有不順現象，多作公益可增福。

劫空夾命為敗局。若在夫妻宮有離婚現象

如命宮在亥位，空劫在子或戌；命在巳位，空劫居辰或午相夾殺，為「空劫夾命格」。歲限逢之家庭事業難順遂，若夾忌尤更凶，主刑傷、孤貧、災劫傷身傷財若在夫妻宮則有離婚現象。

若命宮主星入廟旺，三方有會吉曜，則空劫夾命為禍比較輕，也要注意外來的破壞看什麼宮來夾為主因果，若命宮之星落陷或與煞星坐命，三方又不見吉星助扶，為禍也重，非但事業無成財源難聚，有被破害而失財傷身家庭事業受損之象，驚恐飄泊不定，多作公益可增福。

二星仍虛耗破敗之宿

夾命垣或夾各宮位，均屬不利之敗局看所夾之宮可看出什麼時候的六親朋友來破壞。

生逢劫空，猶如半天折翅

命身逢二星坐守，而正星陷地，或逢煞冲破，主夭折破敗。書云：「生逢空處，猶如半天折翅」，身命逢之有出外打拼或離島工作，若本命身宮正星廟旺則災輕，若有紫府、祿馬来解則較不妨，因事離島或出外工作。

如行限各逢其一坐守，亦主災厄不順，若逢吉星，禍患較輕；若陷地逢煞，則大破壞要注意不可大意。故經云：「項羽英雄，運至地空而喪國；石崇豪富，限行劫地以亡家。」由此可見空劫之危害，命身、行限逢之，皆處事小心，保守謹慎行事則無大傷。

空劫羊鈴四星分居命身二宮

若宮位正星不旺，屬於市井百工上班族之人，苦勞苦祿難有大成就。有帶暗疾或慢性病，學一技之長，或命卜星相，醫藥哲學，林泉僧道，多作公益也可安身立命。

如主星廟旺逢吉星扶助，奮發圖強能突破困境，亦可成為「大師」字輩，名聲顯揚通四海，唯須安貧樂道知足惜福，仍有卓越成就備受尊崇而發達。

斗數星曜在封神榜中人物的性格所屬

紫微斗數眾星曜，精神個性神化論，封神榜中人物情，參看觀察好記意，紫微星辰的故事，封神榜中個性論，紫微星是伯邑考，絕世無雙美男子，學問淵博心善良，擅於彈琴賢孝範。妲己妖迷得不到，慫恿紂王來加害，為救羑里文王父，剁碎蒸煮作肉餅，文王忍辱朘食用。天機姜尚姜太公，元始天尊門下修，學習道法神仙術，姜尚早年不得志，與馬千金結婚後，日子難過餐不繼，離婚之後漸漸開，京都燒死枇杷精，渭水河畔等文王，恭請西歧七十二，幫助文王掌軍師，文王託孤輔武王，西枝佈置封神台，亞相比干太陽星，經常勸戒殷紂王，狐狸精妲己陷害，拿刀剖胸以明志。武王姬發武曲星，伯邑考的親兄弟，文王二子接龍位，由於他的不屈撓，積極施德行仁政，知人善用推強權，取得和平統天下。天同星是周文王，姬昌是個大善人，創掛易經卜相術，善於調和心善良，愛護人民明君主，

統治地方民安樂、廉貞星曜是費仲，貪生怕死無廉恥、心性邪惡人奸詐，
貪才自私多淫亂，專事逢迎的角色，最後姜子牙逮捕，斬首示眾快人心，
天府星為姜皇后，紂王原配心慈祥，賢淑才能有風範，母儀天下眾賢淑，
協助紂王治國家，妖姬妲己計加害。太陰星是賈夫人，紂王手下第一將，
黃飛虎的賢妻子，是個絕色大美女。妲己設計相交害，遭到紂王的逼姦，
清白保身不屈服，摘星樓下守潔操。貪狼星精蘇妲己，女媧娘娘領道旨，
紂王荒淫無道君，女媧娘娘便派她，擔起滅殷商使命，附身坦己好行事，
用以迷惑殷紂王，壞事做盡喪天良，子牙親自罰罪刑，巨門星是馬千金，
子牙初娶的妻子，個性潑辣弄是非，好管閒事出意見，既無才華又多疑，
最後離婚各東西，聞仲太師天相星，紂王御下大忠臣，為保商朝大江山，
興兵對抗周武王，戰死沙場現忠義，托塔天王天梁星，李靖駕龍興佈雨，
三個太子的父親，哪吒太子鬧紛爭，勇猛殺敵戰果豐，武王伐紂大將軍，
托塔天王李元帥，軍紀嚴明奉守法，絕不徇私講道義，七殺星是黃飛虎，
愛妻慘死反五關，憤而加入周武王，討伐暴君死沙場，神怪之外最強人，
殷商紂王破軍星，遇到妲己貪酒色，君主寵幸妲己精，貪鸞美色敗江山，
摘星樓上自焚死，文昌之星鄧嬋玉，文采風雅質高尚，為報夫仇死戰場，

龍吉公主文曲星，六藝精通才敏捷，三山總兵女將軍，洪錦有俗世之緣，
與其成親報周恩，太子殷郊是火星，行事暴躁性如火，為母仇欲殺坦己，
被救山中練仙術，奉師下山被擅動，戰場犁鋤照咒行，鈴星殷洪二太子，
行事魯莽性暴躁，性情剛烈如火焰，下山奉命保西枝，利用親情被說反，
太極圖捲在一處，連人帶馬化作灰，大將楊戩擎羊星，雄勇威猛第一將，
轉變玄功七十三，無窮道法展雄威，戰場衝鋒大發揮，如入無人之境界，
應變智慧無敵手，運用智慧與機巧，封神演義全靠依，幫助武王立江山，
歸山退隱不棧念，陀羅星是黃天化，乃父之風忠不貳，勇敢善戰作先鋒。

十二命宮

人生命盤祥細看，十二宮位推排定，一是月令起命宮、逆推宮位二兄弟、三是夫妻宮位定、四子女宮安在此、五財帛宮看財運、六是疾厄宮身體、七遷移宮看出外、八交友宮朋好壞、九官祿宮看事業、十田宅宮房地產、十一福德宮享福、十二父母宮正是。十二宮中定福德，因果如何在其中。

命宮

一個命盤有十二，每個宮位都重要，命宮主宰最重要。先天運勢的主軸、行運源頭的象徵，多方面代表人格，正負特質與潛在，吉凶悔吝的運現。財富地位與相貌、個性才能身疾病、脾氣性情的特質、家世一生之境遇，成敗關鍵總根頭，都可由命宮推之，是整個命盤重心。

兄弟宮

自己手足的關係。因與交友宮相對，同時影響人際關。兄弟宮是田宅宮，的財帛宮位所以，有時與兄弟有關，運勢也會有牽連，影響購屋或置產。主兄弟多寡個性，和睦否相處態度，互動關係緣如何，成就發展會如何，助力破害有否夭。朋友事業合夥關。

夫妻宮

夫妻可看伴侶性。夫妻宮也是父母，的子女宮位基本，故在未成婚以前，夫妻也代表自己。夫妻之間的感情、相處模式與個性、緣分長相與體形、出身背景可看出、宜早婚還是晚婚、婚姻生活的狀況、有無生離或死別、配偶能力及發展，第一配偶看夫妻，第二配偶看子女，依此類推可分明。若看外遇之問題，則看夫妻之遷移，原本命的事業宮。

子女宮

子女宮意義很多，除可看子女特質、子女的關係之外。子女宮也是田宅，宮的遷移位出外，代表驛馬子女宮，也是官祿的交友，也代表合夥狀況。子女宮也是夫妻，宮的兄弟宮之位，也代表桃花關係。子女的多寡好壞、資質優劣與個性、才華健康或夭折、流產是否孝順等。對於子女的態度，子女的緣分如何，成就高低成長中，的過程所遇如何。也象徵著性能力，與性生活的狀況，也可透露出個人，的生育方面能力。更可當貴人星看，或是桃花的宮位。

紫微斗數命盤上，可以了解每個人的金錢觀

財帛宮

財帛宮代表賺錢、養命的主要宮位。可以看理財觀念、賺錢能力方式等。另外財帛宮也是，夫妻宮的夫妻位，可看婚姻的關係。主一生財富多寡，理財力賺錢本領，財運好壞對財富，的態度節約浪費，財源性質和穩定，正道或發橫財等。

財帛宮有化忌星的人

對於錢是很謹慎小心的人，他們很會管理自己的金錢，有什麼巨額或特殊的收入往往不會告訴任何人，他們不喜歡分享或很怕被人發現自己有多少財產，只進不出愈多愈好，是其性格。

財帛宮有化權星的人

是一個義無反顧，勇往前進高端的潮流達人，具有劍及履及的責任心，是一位執行家，「任重道遠」。

財帛宮有：擎羊、陀羅、能發財

但時間不會太長因為賺錢的工具並非很銳利，所以會來來回回的迂迴前進，是缺乏「快刀斬亂麻」的明切，卻是一位具有纏功也很會磨的人。

福德宮有化權星的人

是天生就有賺錢金頭腦的人，也是金錢大作戰的高手，會為錢財而作出精密規劃。

財帛宮空星

其營財的軌跡很難追尋，但可塑性很高，具有謀定而後動的特質，但也有謀定而不動的可能，如不是高手，就是弱勢一族，並不會是中間分子！

每個人都有自己的金錢觀，不懂珍惜，守著金山也不會快樂、金錢買不到幸福，幸福沒有標準答案。

*財帛宮之主星化祿、化權的人，求財性都很強，當武曲化祿、貪狼化權或貪狼化祿就是最富冒險性格。

*至於太陽星化祿於財帛宮，就沒那麼明顯。

*火星、鈴星正坐財宮、福德宮，又見祿權星者，多恨不得一夕致富，所以會拼命賺錢，只要利字當頭，那有反顧之理。

*財帛宮有擎羊星的人：是攜帶大刀的搶錢能手，以展現魄力的方式而獲取金錢，具有開疆闢土的能量。

疾厄宮

疾厄是隱性宮位，如命宮代表個性，疾厄宮代表脾氣。運勢不佳看疾厄，需要留意身健康。疾病輕重的種類，那個器官較衰弱，有無重大職災病，生病疾病的來源，凶險意外生死等。可觀察個人情緒，表達方式並透露，個人性生活能力。

遷移宮

遷移代表外出運、機遇老運遷移宮，也代表遠方異地，遷移宮好的命格，出外發展很順利，貴人運也會很好。對環境的適應力，出外狀況與際遇，在外的交通狀況，人際關係亦可推，斷旅行中的遭遇。移民狀況會如何。是否適對外投資，貿易有關的事業。與命宮有密切關。舉凡出國或旅遊、遠行或搬家有關，是否會離鄉背井，可由本宮星曜知。

交友宮

交友宮人際關係，可以看朋友類型、朋友關係交友宮，也是夫妻的疾厄，也可代表夫妻宮。主與部屬的關係，交友狀況對待關，人際關係的好壞，平輩之間的關係，得力與佣人好壞。象徵領導統御力。適合與朋友創業。學業成績也可由，本宮的星曜研判。

官祿宮

官祿宮工作宮位，運氣好壞息相關。官祿宮也是夫妻，宮位的遷移位置，對婚姻關係來說，也有莫大的影響。事業貴賤職高低，自己與上司事業，與夥伴間的關係，企圖心奉職能力，事業工作的態度，從事的行業性質，事業發展與傾向，宜創業或是打工，技術專長是如何，以及變動狀況等。

田宅宮

田宅宮代表家庭。與成家也有關係，也與置產與開店、關房地廠房事業。田宅宮運勢變化，有時代表驛馬運，搬遷買賣的跡象。主不動產的狀況、多少變動的好壞，家運是否有祖業，風水有庇蔭與否，購屋能力甚至可，推算到住家環境、房屋的坐向方位、辦公室之變動等。田宅可當財庫看。家庭環境生活狀，代表家族或家鄉。以陽宅論如二樓，丑宮是二樓的話，樓上三樓是辰宮，一樓子宮是住家，由下往上依類推。

福德宮

福德宮福報有關、祖上有關福德宮，也是財帛的對宮，享受財富有關係，可看出理財心態、與趣嗜好都在此。福德宮也是夫妻，宮為的官祿宮位，與婚姻運有關聯。象徵個性身健康、疾病思想生活味，物質生活的優劣。修養如何潛意識，個性與趣嗜好等。財源如何的運用，祖德是否有庇蔭。

婚姻有很大關係，夫妻宮直接影響。也暗示其人對待，夫妻的能力如何。

父母宮

父母宮父母關係，父母宮也是疾厄，宮位的外在之宮，父母宮也稱相貌，行為有關的宮位。父母與國營企業、大公司有關連的，可兼看上班運勢。與父母感情厚薄，父母或父母親友，對自己影響如何，緣分強弱與互動，有沒有父母庇蔭，遺產父母個性或，父母的社會背景。象徵個人的相貌、健康狀況與疾病，受傷有關也代表，與上司互動疑惑，與政府關係如何。學校文書等問題，都有密切的關係。

有關三世因果的宮位

三世因果來因宮，命盤天干同生年。生年天干相同宮，生年四化的類型，生年天干同四化，息息相關來因宮，可看個人的特色。前世來因大關係，我宮直接關本人，命宮財帛疾厄宮，官祿事業福德宮，都與本人有牽連。他宮他人相關宮，包含兄弟夫妻宮、子女遷移交友宮、田宅父母七宮位。雖是六親一家人，行為意向難掌控，自由發揮屬他意，吉凶自然有牽連，六陽宮是奇數宮，奇數宮位稱陽宮。命宮夫妻財帛宮、遷移官祿福德宮。六陰宮是偶數宮，兄弟子女疾厄宮、交友田宅父母宮。宮位陰陽在此分，內局我宮有雷同，但是多了田宅宮。內局意義在此中，分辨事物的得失，跡象於此看內局，不管好壞有像意。有時發生不在我，分擔還是有牽聯，外局內局的宮位，好比家事和工作，兄弟夫妻子女宮、遷移交友父母宮。象意落於外局時，代表內外都有關，自己主觀難為全。雖是六親也屬外，人位即與人相關，命宮兄弟夫妻宮、子女交友父母宮，都是有關人之位，親人外人有因果，恩怨情仇都在內，有恩欠債都要還，仇債也會現身邊，事位之宮有關事，疾厄宮管身健康，遷移出外遇到事，官祿事業的問題、福德宮中萬事長。有事當然要管顧，家內外事多勞祿，這是人生三世因，物位即與財物事，財帛宮與田宅宮。事業家庭都第一，動產陽宅不動產，周轉運用的根本，社會交際都要它，縫沖變動審細詳，三世宮位全在此。

身宮所代表的情形

後天運勢看身宮，了解後天的宮位，輔助命宮最分明，與命同行都有關，自我觀察強與弱，行事功過都在此，夫妻宮中看感情，家庭責任是幾分，配偶影響尚界大，財帛同宮看錢財，都以賺錢為目標，易受經濟左行為，遷移宮中詳細看，公司家居變遷事，官祿宮中看事業，事業興衰有關係，易受運限來影響，熱衷名利出風頭，福德宮中可知性，身命二宮知自己。

十天干四化專論

甲年生廉貞化祿

甲年生廉貞化祿，財源廣進事業上，貿易批發有收穫，五鬼搬運大發展，
執著努力有收穫，廉貞值星施號令，外熱內冷清能守，破軍化權較積極，
追尋理想奔波忙，開創新局顯耀輝，愛出風頭稱老大，該年易有多變化，
讀書運限不可逢，突破困境要改變，破軍善馳喜主動，不善謀略喜掌權，
依賴廉貞助本性，武曲化科好理財，學識智慧能力強，賺錢財經名聲揚，
剛毅卓絕武曲星，剛直快速不停留，太陽化忌動官非，頭眼容易受傷害，
與父無緣視力差，事業變動犯火星，創業轉行看星宮，若論婚姻擾紛爭，
個性易有同性戀，讀書運逢有阻礙，考運也會受影響，疾病心眼血路症，
太陽化忌入夫妻，男女婚姻都紛爭，還境運限會變化，若入子女緣沖散，
太過熱情反遭害，太陽尊貴化忌傷，貴氣受損真可惜，學識智慧光明事。

乙年生天機化祿

乙年生天機化祿，運籌帷幄技術佳，企劃經營巧藝精，理計事業多機謀，
開展玄學有奇功，聰明過人善應變，表現傑出靈機智，表演才華好發揮，
善辯應對知進退，行事較會耍滑溜，天梁化權喜五術，好管風神愛出頭，
自視清高傲氣足，過於主我難相處，成熟穩重際遇好，長者器重受提拔，
天梁蔭星掌執權，論斷天機從其化，好事靈巧有卓見，紫微化科性圓滿，
作事威嚴有權威，備受他人信賴心，紫微好壞看宮星，喜歡跟隨權威者，
思想敏捷處事勤，太陰化忌母無緣，易受小人來謀騙，家中陰宅有問題，
陰陽二宅有動變，運限變化看因由，公司家居有關係，影響子女氣數運，
男易婚姻有紛爭，太陰化忌會影響，事業財運要注意，性情環境多變化，
男命運逢太陰忌，太陽化忌女命逢，都屬婚姻有紛爭，女性長輩乏緣分，
太陰靜柔的特性，會隨化忌而消失，太陰特有的個性，柔美憂雅高雅貴，
換成焦慮性急躁，高雅低淑看四化，太陰化忌皮膚差，凡事不要強出頭。

丙年生天同化祿

丙年生天同化祿，凡具組織有制度，聯合事業好表現，幫助獲利親合力，
樂觀安逸防桃花，廣結善緣好參詳，天同祿星受福蔭，個性慵懶較被動，

天同被動欠主張，天機化權智謀全，出外創業參謀職，開創新局會升遷，知遇貴人來提拔，聰明睿智領悟強，天機才能展才藝，發揮善於察觀色，本能機智傲視群，文昌化科學識星，高學經歷近官商，文學素養高雅優，專業知識傲群雄，文昌化科占天時，機智反應第一名，助合天同好靜性，博古通今多學哲，一身書卷氣儒芳，廉貞化忌犯小人，桃花紛爭要注意，心邪多淫多妄想，修心養性靠自己，喜遇魁鉞科星解，桃花官非多困擾，不可不防免鐵齒，事業家庭防變動，事業工作都有關，八大行業有關聯，易走邪門之門路，注意羊陀沖動時，若遇官非紛擾增，娛樂行業防枷鎖，心猿意馬性無定，多做少成換老闆，不易溝通不服人，廉貞化忌有隱疾，醫生難查正原因，慢性疾病之困擾，謹慎交友可免厄，廉貞之星喜喧鬧，化忌之時多紛憂，服務奉獻作功德，心態自我難服人，關係利益看太重。

丁年生太陰化祿

丁年生太陰化祿，帥氣優雅有女緣，母女外緣交際佳，房地廠房關係長，產生好壞轉變因，女性長者對你護，太陰值星皮膚美，太陰性柔人緣好，機能明巧性圓融，太陰敏銳勤學習，天同化權較被動，慵懶執行能力差，

天同化權人氣旺，積極奮鬥意志強，組織公司企業興，合股增資開創業，
自我調適智慧高，天同條直能力平，天機化科顯機謀，藝能靈敏好幕僚，
分析眼光有獨到，天機急智隨應變，觀察細微善展才，巨門化忌有口舌，
留意口業防官非，此命婚姻不宜早，表達言行令人煩，也就是較無人緣，
吃力反而不討好，福德疾厄逢化忌，易有暗病來糾纏，巨門開口舌是非，
巨門化忌常傷人，口直心快犯口舌，正面評價不太好，固執自我自擾憂。

戊年生貪狼化祿

戊年生貪狼化祿，慾念希望多貪癡，偏財運強爆發財，異性緣分交際好，
可得異性之幫助，轉化桃花成為財，讓你財源來不斷，貪狼七情六慾強，
紛紛擾擾桃色中，有血有淚才華溢，健康均稱在體形，不論高矮都玲瓏，
太陰化權女強人，個性固執人緣好，置產增財有特才，溫和主觀意識強，
太陰積極化行動，右弼化科顯功名，幕僚顯耀慧智高，學識經驗都穩能，
老鍊經驗成長快，學習快速眼光精，文彩完美好外形，應對進退真敏銳，
天機化忌不早婚，聰明反被聰明誤，化忌顯象點子多，欠思計畫錯誤多，
個性喜鑽牛角尖，怨天尤人外交差，天機太陽與太陰、文昌文曲之化忌，

腦神經會有影響，神經疾患者很多，天機化忌之車厄，天機化忌疑神鬼，
反覆心態不穩定，搞怪風格特獨行，機智天機變遲鈍，論命要訣全在此。

己年生武曲化祿

己年生武曲化祿，財經軍警武市吉，財星化祿宜經商、大盤武市運勢旺，
不會為錢來煩惱，武曲星曜司號令，冷靜剛毅事求實，貪狼化權增慾望，
主觀意識固執強，功利主義心較重，感情過於偏自我，貪狼情慾宜注意，
剛直務實是武曲，直接單純勤執行，貪狼會設自行為，生活行事都可兼，
獨當一面樹一格，天梁化科喜玄學，天梁蔭與有長助，熱心好情好交際，
文曲化忌紛擾多，官非錢財多紛擾，注意口舌最實在，考運升遷有阻礙，
顯象其人有專才，思想計畫眾不同，有時是非也很多，逞強反叛有出名，
文曲化忌防腦瘤、神經胃腸要注意，心情鬱憂自擾之，學習耐心嫌不夠，
毅力不足欠耐心，環境變化莫忽略，與眾互動不積極，個性隨機要應變。

庚年生太陽化祿

庚年生太陽化祿，帥氣人緣好親近，事業開展精明鍊，學校文書補習業，

領導統御才藝精，光電有關可發揮，太陽值星施號令，明亮活力性大方，
高雅貴氣人緣好，武曲化權重事業，財經行商有專才。女命逢之好秘書，
不受約束喜自由，理財計劃有奇功，武曲執行太己見，剛毅固直重效率，
天府化科事業順，貴人多注運勢佳，忠直剛強守諾言，又見左輔右弼星，
才能發揮人信賴，空庫露庫要看清，太陰化科有錢財，運歹不怕財源缺，
太陰化科人緣好，女性貴人來提拔，凡事都是好參詳，廣結朋友好交往，
太陰化科人英俊，化科公門好先生，進取實現緊捷快，如有化權相交會，
掌握實權聯鎖業，積極進取肯沖拼，合夥事業多吉利、關係企業及連鎖，
行業廣步各行業，太陰化科得賢助，事業組織有完善，兄友弟恭行孝善，
破軍化忌破害性，高傲破耗有怪僻，倔強獨行不認輸，看人成功心難服。
良好機遇貴人扶，天同化忌人懶惰，化忌大多愛享受，缺乏進取保現況，
如遇化權相交會，反主其人勤勞力，積極進取肯沖拼，合夥事業多損失、
關係企業及連鎖，大盤行業要注意，天同化忌依賴性，合夥事業沒有利、
別人賺多你賺少，公司企業也同論，親子關係較疏遠、時常表徵無作為、
疑慮煩惱無原則，神經衰弱記憶差，激發鬥志最重要，辛勞有福不能享。

辛年生巨門化祿

辛年生巨門化祿，以口事業財利長，是非曲直多紛爭，暗藏潛伏惹口舌，有不凡的好口才，個人魅力值星施，善於運用詞言語，行止明朗話率直，常使得言語行事，互動之間絞腦汁，太陽化權有實才，事業開展大氣派，充滿陽剛勤執行，貴星行事重效率，自己常力不從心，仍免為難硬行事，文曲化科演藝界，事業興旺身懷藝，驚人才藝明精巧，多才藝學變化多，靈敏過目便不忘，文昌化忌懶學習，支票文書有問題，庸人自擾煩悶多，書運消極學分差，考試成績稍不佳，讀書心浮靜不來，精神無法集習中，身疾頭部防傷害，心血臟腑要注意，學習能力盡不足，化忌文書不如意。

壬年生天梁化祿

壬年生天梁化祿，房地產業運勢順，服務行業展平順，工商公職都適合，完美主義的個性，長輩緣佳有相助，為人隨和捨付出，紫微化權喜掌權，企業機關大財團，官商人脈交際廣，好勝頭目命不凡，行事有老大風範，能與人齊力做事，左輔化科顯才能，幕僚奇才情義重，處變不驚能力強，組織團體領導家，時機力量全把握，武曲化忌不利財，獨守空閨需謹慎，

固執心態要改進，囉嗦悶擾無理論，投機僥倖不吉利，破財無謀事難成，
逢擎羊因財煩惱，看財比感情還重，肺經呼吸器官症、腸胃意外主傷害，
運限靈動要注意，個性拖唆果決差，熱心助人有愛心，貴人幫助過難關。

癸年生破軍化祿

癸年生破軍化祿，強大開展力發揮，軍旅工廠武市好，會有很好的空間，
克服現實與環境，艱難行事性好動，充滿活力不耐靜，沒事也會找事做，
巨門化權事業成，口才行業可發揮，都有好的感應佳，高談闊論易惹禍，
巧言令色隨機應，成也口舌敗也口，太陰化科女貴人，母妻女美人緣好，
家庭影響整體運，彌補破軍不耐靜，增加細緻真敏銳，觀察敏叡眼目精，
煩事自心不開朗，貪狼化忌爛桃花，貪狼化忌命宮逢，阻礙慾望難成事，
貪多必敗不強求，避免色難來困擾，婚姻感情多紛擾，創業行事不積極，
生活比較變沈悶，體形明顯也瘦長，矮短背脊有體肉，貪狼化忌桃花劫。

庚年四化共有五個版本，哪個版本才正確呢？

特別聲明：以下看法出自登雲易學園的林老師，為林老師個人獨到的見解。我很久以前曾學過一些皮毛，但志不在此，也不好爭論是非對錯，你認為有用就參考，沒有用就一笑置之。

紫微斗數的庚年四化一直有爭議，大致上可以找到五個版本，陽武陰同、陽武同陰、陽武府相、陽武府同、陽武同破。

前四個版本各有說法，也各有印證，而我在十幾年前，曾聽過另一種版本，經由林老師的解說之後，認為很有道理，趁現在還有記憶時把它寫下，成為第五個版本以免將來忘了，可惜了一個見解（網路馬丁的文章）。

先看「陽武陰同」這組，最有疑問的是天同該不該化忌。天同星，南斗第四星，陽水，為福德之主。天同是「福」星，本身不該化忌。以天梁星為例，天梁是「蔭」星，在十天干四化星中，天梁星有化祿、化權、化科，但沒有化忌。蔭星不化忌，同理福星也不應該化忌（註：本身雖不化忌，但遇化忌或遇祿忌沖破時，仍會產生交互作用）。

如果天同比照天梁，不該化忌而是化科，那麼「陽武同陰」這組才正確嗎？好像也不對，因為這麼一來太陰星就有兩個天干都化忌（乙干機梁紫陰，庚干陽武同陰）。

至於「陽武府相」這組的疑點，在於天府本是科，無需再化科，天相為印星，不該四化，「陽武府同」這組道理和前面類似。

林老師多年來研究五術，並累積了眾多的實例印證，有一次和我閒聊中提到「陽武同破」可能才是正確的庚年四化。從天體運行來看，庚年不應該是太陰化忌，而「陽武陰同」這組說法，很可能是古代毛筆字重複抄寫下，所造成的錯誤。當「陽武同破」、「破軍化忌」成立之後就是第五個版本了，許多的解釋就會變得合理，老師曾用很多的例子來佐證，假如你剛好路過這裡，也剛好喜歡紫微斗數，又剛好覺得這篇文章有用，這麼多的剛好，那就是有緣。如果要知道原因可去書店買登雲易學園所出版的《易數命理書，紫微斗數源論》（作者方哲倫）就可知道來源。

化祿星臨十二宮的情形

命身宮

福分不錯人緣好，錢財追逐慾較大，食物有偏好習癮，唯應注意祿逢沖破。命身宮自化祿者，多顯像自私心重。

兄弟宮

兄弟互相有幫忙，朋友有緣好參詳。沖破兄弟不相容，付出反而不討好。

夫妻宮

緣早對事業有助。主夫妻家世有財，顯像夫妻有幫助。如宮星緩和善良，主妻之個性不錯，宮星帶煞重現實，重視個人愛享受。

子女宮

得子財官順遂意，可從事合夥事業，祿逢沖破子女宮，主子女緣不太佳，不可合夥會破財。

財帛宮

求財容易有享受。主求財機運不錯。最好化權或化科，三方四正無科權，或得吉星之扶助，這種化祿虛有表。

疾厄宮

身體弱易因飲食，某種食物傷脾胃，化祿不宜在疾厄，對疾病沒傷害力。女命顯象夫性強。夫妻性生活頻繁。

遷移宮

主外出發達緣好，離鄉背井有財祿。在鄉返而不太順，貴人扶助在外圍。

奴僕宮

朋友有錢是貴人。財歸朋友非我得，化祿不宜奴僕宮。

官祿宮

事業官銜高貴旺，有錢萬事都吉祥。如無化權無實權。

田宅宮

承受祖上的庇蔭，子女緣好田產多。對性生活需求重。

福德宮

重視錢財愛享受。偏財暗財有享受，有餽贈獎勵之財。

父母宮

父母緣好受提拔，公家機關有關連。

化權星臨十二宮的情形

命身宮

事業心重有權威，相品看來較莊嚴。能力掌權人欣賞，少年頑皮愛表現。做事乾脆有板眼，煞星干擾性剛強。女命逢之洞婚姻，早婚不遂宜晚婚。

兄弟宮

兄弟能力比較強。兄弟姊妹性較強，本命受管束壓力。科祿巡逢可化吉，宜家族事業爭輝，注意奴僕反射力。

夫妻宮

配偶掌權干涉事，奉子命結婚現象。必須互相愛牽就，否則性格不一致，有待溝通才順利。

子女宮

子女個性難管教。投資合夥意見多。男命性生活較特殊。

財帛宮

財帛宮中喜化祿，不宜化權錢奴才，看錢較重化權星，善理錢財創財源。

疾厄宮

某一器官偏強旺。血光乃過強之勢，若是衝動父母宮，中年開刀見血光。

遷移宮

外出有權宜出外，在出身地不吉利。增強倔強之個性，造成獨立之命格。

出外注意事業上，不與他人爭是非。

交友宮

朋友能力強奪權，福分被奴僕所奪，凡是不可靠朋友。易交吃虧之朋友。

假使自己當老闆，員工比較難管理。與上司有待溝通。

官祿宮

命中最宜逢化權，事業投注能力強，做事穩重能升遷。疏忽夫妻之感情。
有當老闆之命者，喜見科祿來交逢，擴張生意有祿星，才能財官都雙美。

田宅宮

有福分自置家產，有田有厝有動產。

福德宮

增加主觀好個性，沒有節制的享受。事業財宮有助力，宜做幕後主持人。
比較不受人約束。女命福德若化權，修心養性要參詳，否則婚姻有影響。

父母宮

父母思想較偏激，或是固執有偏孤，天天相處在一塊，氣氛不好要忍耐，
與父母緣分沖淡。父母保守管教嚴，掌權少年能力強。

化科星臨十二宮的情形

命身宮

多貴人態度謙恭，禮儀端莊有學識，聰明父母來栽培，升學有利學識高。

兄弟宮

有得力六親兄弟，緣分和睦朋友助，君子之交好人緣。

夫妻宮

婚姻適合人介紹，不宜自由戀愛情，賢慧清白得助力，婚姻不順宜完容。

子女宮

得貴人助適合夥，子女素質都不錯，孩子庇蔭您好命。

財帛宮

格局不強領薪水，量入為出免呈強。化科不主財祿原，財宮財富無實質。

疾厄宮

影響個人的相貌。化科疾厄很可惜，喜與命身相會論。

遷移宮

出國遠行有貴人，出外際遇還不錯，出國深造讀書佳，謀事發展皆有利，拱照命宮利升遷。

交友宮

交友慎重人單純，得力助手君子交。領導統御應發揮，善待員工會回報，別人會幫你賺錢。

官祿宮

爭取讀書考試運，深造有利官升遷，有貴氣受人尊敬。

田宅宮

主得餽贈之物產，能自己置產置厝。

福德宮

貴人幫助福分好，年事漸長修心性。老運清閒利修道，有廣修功德之象。

父母宮

父母貴人有幫助，讀書運有友幫助，意外災傷危有救。父母感情相和諧。

化忌星臨十二宮的情形

命身宮

年少不順親緣淡，身差特殊才能藝。其人獨特人生觀。難免吃力不討好，顯象身體有癮疾，糾纏身體留傷巴。顯象特殊之才能，智慧尖端異爭輝。命身化忌要注意，事情讓您耿於懷。凡事不要看不開。

兄弟宮

不宜家族合事業，不順緣薄旅程中，六親之間不愉快。

夫妻宮

不宜早婚有阻礙，不利自己的事業。初戀人不能結婚，縱然結婚也不吉。婚姻常會在嘔氣，婚姻生活要體諒。喜化科星來化解。

子女宮

欠子債子女緣淡，對孩子管束較嚴。合夥投資不順利。有刑傷子女之情，女命自己有流產。男命性生活失常，性慾亢進性能低，提防感情之困擾。

財帛宮

欠錢債賺錢辛苦，不利經商財晚聚。第一次生意難成，先受損失不順利。假設與身宮同宮，反主珍惜守錢財。有收藏之忍受功。

疾厄宮

疾病纏身人不順，多災多難易耽誤，開創事業之機會。有時文書之困擾。

遷移宮

人生大半在忙碌，外出不順無幫助。最好該宮吉星夾。

交友宮

朋少交友要慎重，主交友感情不良，忌擔保背書連帶，容易吃朋友悶虧。

上司相處欠和諧。

官祿宮

事業坎坷上班好，宜專門技術工作。做事多心猿意馬，在職怨職不利升，升遷創業有阻礙。

田宅宮

家運不平欠房債，佈置真亂無用心，第一次置產不留。忌沖子女宮不利，人丁恐有多毛病。

福德宮

思想特殊鑽牛角，勞碌命庸人自擾，老運健康有不佳。

父母宮

不宜家庭事合夥，防官非文學禍端。父母緣淡有待溝通。

命宮化祿入十二宮的情形

命宮自化祿：緣佳個性較獨立，處事智慧亦較高。

命宮化祿入兄弟宮：與兄弟較有緣分，靠兄弟之助成功。

命宮化祿入夫妻宮：緣早異性朋友多。

命宮化祿入子女宮：疼子女可得貴子。

命宮化祿入財帛宮：靠自己努力賺錢，且較有偏財之運。

命宮化祿入疾厄宮：為人樂觀有惰性。

命宮化祿入遷移宮：在外緣佳貴人多、賺錢機會多得意。

命宮化祿入奴僕宮：朋友多交際應酬，朋友幫助力量大。

命宮化祿入官祿宮：工作輕鬆薪水高，創業較能易賺錢。

命宮化祿入田宅宮：家庭環境佳豪華，且有祖業可繼承。

命宮化祿入福德宮：享受老運福澤佳。

命宮化祿入父母宮：長輩緣賞賜提拔。

命宮化權入十二宮的情形

命宮自化權：個性較強喜掌權、聰明能幹有能力。

命宮化權入兄弟宮：有兄弟互為爭權，意見較多有爭紛。

命宮化權入夫妻宮：為爭權意見較多。

命宮化權入子女宮：子女多個性較強，管教子女較嚴格。

命宮化權入財帛宮：掌財運主有創業，適合做生意大吉。

命宮化權入疾厄宮：少年多災又調皮，桃花較多性慾強。

命宮化權入遷移宮：表現才華人敬重，喜居領導不實際。

命宮化權入奴僕宮：固執不亂交朋友，也不會出賣朋友，很好有領導他人。

命宮化權入官祿宮：創業升遷好才華、能力好技術謀生。

命宮化權入田宅宮：家中老大有產業、或從事多方投資。

命宮化權入福德宮：享受海派做投機、事業有成技術師。

命宮化權入父母宮：身體多災又體弱，不務正業好爭辯。

命宮化科十二宮的情形

命宮自化科：談吐文雅有風度、智慧聰明人隨和。

命宮化科入兄弟宮：兄弟之貴人可助。

命宮化科入夫妻宮：夫妻隨和關心有，相敬如賓相尊重。

命宮化科入子女宮：對子女關心有限，很民主隨和緣厚。

命宮化科入財帛宮：量入為出平穩財。

命宮化科入疾厄宮：有病易好體質好，一生逢災有貴救。

命宮化科入遷移宮：外名聲好有貴人，逢凶化吉有人助。

命宮化科入奴僕宮：不會計較好相處。

命宮化科入官祿宮：敬業樂群有長官、賞識及提拔順利。

命宮化科入田宅宮：家族相處很融洽，喜歡有情調生活。

命宮化科入福德宮：財源平順可安定。

命宮化科入父母宮：與父母親都有緣，易得長輩的恩惠。

命宮化忌十二宮的情形

命宮自化忌：情緒易受外影響、刺激有猜忌傾向。

命宮化忌入兄弟宮：兄弟緣薄亦不佳，人常爭執是非多。

命宮化忌入夫妻宮：早婚無法相偕老，犯桃花疑心病重。

命宮化忌入子女宮：子女緣薄多變動，不喜家中有桃花。

命宮化忌入財帛宮：賺錢辛苦勞力錢。

命宮化忌入疾厄宮：健康差有情緒化，易有意外的災劫。

命宮化忌入遷移宮：在外不順變化大，多做少成無實際。

命宮化忌入奴僕宮：朋友相處現不佳，無法得到朋幫助。

命宮化忌入官祿宮：為事業操心忙碌，工作時多所得少。

命宮化忌入田宅宮：守財奴祖業不豐，家內凌亂無頭係。

命宮化忌入福德宮：福德差享少勞碌。

命宮化忌入父母宮：父母緣薄身多災。

遷移宮四化飛星：遷移宮化祿入十二宮的情形

遷移宮化祿入命宮：在外賺錢自享受。

遷移宮化祿入兄弟宮：外得兄弟助賺錢，也能幫助朋弟兄。

遷移宮化祿入夫妻宮：在外事業有得意，能得到配偶幫助。

遷移宮化祿入子女宮：變動驛馬宜外出。

遷移宮化祿入財帛宮：在外財運有貴人。

遷移宮化祿入疾厄宮：外如意身心愉快、有人緣佳身體好。

遷移宮自化祿：外得意賺錢容易，自賺自花不顧家、在外時間長自享。

遷移宮化祿入奴僕宮：外朋友多人緣佳，交際廣得朋友助。

遷移宮化祿入官祿宮：在外賺錢機會多。

遷移宮化祿入田宅宮：變動驛馬宜出外。

遷移宮化祿入福德宮：外財運佳可享受。

遷移宮化祿入父母宮：在外有長輩貴人。

遷移宮化權入十二宮的情形

遷移宮化權入命宮：在外得意欲掌權，易有糾紛常憂心。
遷移宮化權入兄弟宮：兄友多交際腕佳。
遷移宮化權入夫妻宮：外得意配偶掌權，易有意見多紛爭。
遷移宮化權入子女宮：主變動驛馬動跡。
遷移宮化權入財帛宮：在外為財務忙碌。
遷移宮化權入疾厄宮：在外如意有權力、慾望高易有紛爭。
遷移宮自化權：外欲掌權喜表現、得罪小人個性強。
遷移宮化權入奴僕宮：兄友多交際腕佳。
遷移宮化權入官祿宮：有衝勁責任心重，任職易受上賞識。
遷移宮化權入田宅宮：變動驛馬跡象小。
遷移宮化權入福德宮：外財佳享受海派。
遷移宮化權入父母宮：有長輩貴人的幫助。

遷移宮化科入十二宮的情形

遷移宮化科入命宮：人緣佳外有貴人。

遷移宮化科入兄弟宮：外有兄弟幫助。

遷移宮化科入夫妻宮：在外事業有平順，使配偶無後顧憂。

遷移宮化科入子女宮：驛馬動跡象順利。

遷移宮化科入財帛宮：主在外財運平順。

遷移宮化科入疾厄宮：人緣佳又有貴人。

遷移宮自化科：外出吉利貴人助，外出求學或工作。

遷移宮化科入奴僕宮：君子之交多貴人，亦多有幫助朋友。

遷移宮化科入官祿宮：事業平順易升遷，出外易有知名度。

遷移宮化科入田宅宮：田宅無變動房舍，以祖業為滿足點。

遷移宮化科入福德宮：穩量為出顧面子。

遷移宮化科入父母宮：長輩提拔不操心。

遷移宮化忌入十二宮的情形

遷移宮化忌入命宮：在外人緣較不佳，有意外之災不順。
遷移宮化忌入兄弟宮：在外兄友多損友，交際手腕差無助。
遷移宮化忌入夫妻宮：在外事業有不順，替配偶增加麻煩。
遷移宮化忌入子女宮：變動驛馬較不順。
遷移宮化忌入財帛宮：在外求財不如意。
遷移宮化忌入疾厄宮：外不順影響身心。
遷移宮自化忌：外不順常有糾紛，人緣欠佳個性怪。
遷移宮化忌入奴僕宮：在外損及兄弟友，增加麻煩友無助。
遷移宮化忌入官祿宮：在外多做少成就，行事不順多紛爭。
遷移宮化忌入田宅宮：變動驛馬較不順。
遷移宮化忌入福德宮：在外福澤差勞碌。
遷移宮化忌入父母宮：在外行事多不順，讓父母家人操心。

財帛宮四化飛星：財帛宮化祿入十二宮的情形

財帛宮化祿入命宮：靠自己能力賺錢。
財帛宮化祿入兄弟宮：賺錢之後助兄弟。
財帛宮化祿入夫妻宮：賺錢後能蔭配偶。
財帛宮化祿入子女宮：合夥事業能賺錢，子女較有錢成就。
財帛宮自化祿：自己賺錢自己花、錢容易花得輕鬆。
財帛宮化祿入疾厄宮：賺錢較輕鬆愉快。
財帛宮化祿入遷移宮：在外得意有人緣，出外賺錢機會多。
財帛宮化祿入奴僕宮：靠朋友幫助賺錢，也會資助好朋友。
財帛宮化祿入官祿宮：財由事業上賺來。
財帛宮化祿入田宅宮：投資不動產行業。
財帛宮化祿入福德宮：賺錢自己福享受。
財帛宮化祿入父母宮：有長輩貴人相助，能孝敬父母親人。

財帛宮化權入十二宮的情形

財帛宮化權入命宮：靠自己財慾望大，有錢又想再增加。

財帛宮化權入兄弟宮：賺錢後幫助兄弟，財權落兄弟手中。

財帛宮化權入夫妻宮：財權落配偶手中。

財帛宮化權入子女宮：投資賺錢再增資。

財帛宮自化權：掌錢錢財慾望高，自掌財權獨資佳。

財帛宮化權入疾厄宮：賺錢較忙碌勞心。

財帛宮化權入遷移宮：在外活動能力強，賺錢機會多交際。

財帛宮化權入奴僕宮：與朋友合夥投資，財錢掌握在朋友。

財帛宮化權入官祿宮：賺錢後想再增資。

財帛宮化權入田宅宮：動產賺錢再投資、投資慾望強敢衝。

財帛宮化權入福德宮：緣好享受較海派。

財帛宮化權入父母宮：能得到長輩幫助。

財帛宮化科入十二宮的情形

財帛宮化科入命宮：錢賺多少算多少、不積極隨遇而安。
財帛宮化科入兄弟宮：量入為出助兄弟。
財帛宮化科入夫妻宮：錢財平穩有貴人、配偶為貴人之一。
財帛宮化科入子女宮：合夥事業很平順，賺錢多少算多少、
財帛宮自化科：財源平順無風波。
財帛宮化科入疾厄宮：賺錢較輕鬆平順。
財帛宮化科入遷移宮：外求財平順貴現。
財帛宮化科入奴僕宮：不會損到自己財。
財帛宮化科入官祿宮：事業投費財平穩。
財帛宮化科入田宅宮：平順節儉量為出。
財帛宮化科入福德宮：量入為出之享受。
財帛宮化科入父母宮：不會讓父母傷神。

財帛宮化忌入十二宮的情形

財帛宮化忌入命宮：賺錢不容易節儉。

財帛宮化忌入兄弟宮：因兄弟之事破財，財落入兄弟手中。

財帛宮化忌入夫妻宮：配偶之事而破財，錢落入配偶手中。

財帛宮化忌入子女宮：投資不一定賺錢，子女零用錢很少。

財帛宮自化忌：自賺自花無存錢，賺錢也有較辛苦。

財帛宮化忌入疾厄宮：賺錢勞碌靠體力。

財帛宮化忌入遷移宮：在外不順賺錢難，投資損失花錢吝。

財帛宮化忌入奴僕宮：因朋友兄弟損財。

財帛宮化忌入官祿宮：投資事業不賺錢。

財帛宮化忌入田宅宮：守財不易財不聚。

財帛宮化忌入福德宮：不管賺錢與有否，均要享受是非多。

財帛宮化忌入父母宮：周轉較會不靈活，恐因財傷身勞碌。

官祿宮四化飛星：官祿宮化祿入十二宮的情形

官祿宮化祿入命宮：靠自己能力賺錢，事業做得較平順。

官祿宮化祿入兄弟宮：事業靠兄弟幫忙，合夥事業有賺錢。

官祿宮化祿入夫妻宮：能得到配偶幫助，且平順賺錢貴人。

官祿宮化祿入子女宮：可經營合夥事業，適合娛樂的事業。

官祿宮化祿入財帛宮：賺了錢會再投資。

官祿宮化祿入疾厄宮：工作較輕鬆愉快。

官祿宮化祿入遷移宮：在外有貴人幫助，事業在外有得意。

官祿宮化祿入奴僕宮：同事相處很融洽，朋友合資事業賺。

官祿宮自化祿：自己賺錢自己花。

官祿宮化祿入田宅宮：經營不動產生意。

官祿宮化祿入福德宮：事業會賺錢享受。

官祿宮化祿入父母宮：事業得父母支持，任職較高的職位。

官祿宮化權入十二宮的情形

官祿宮化權入命宮：事業忙碌自掌權，創業力強有實力。
官祿宮化權入兄弟宮：合夥投資有賺錢，經營權兄弟手中。
官祿宮化權入夫妻宮：事業配偶助賺錢，經營權配偶手中。
官祿宮化權入子女宮：賺錢慾望大強勢。
官祿宮化權入財帛宮：賺錢慾望大投資。
官祿宮化權入疾厄宮：責任感重較勞心。
官祿宮化權入遷移宮：得意賺錢機會多。
官祿宮化權入奴僕宮：朋友事業經營權，投資事業有賺錢。
官祿宮自化權：事業較有創業力，事業心重有創新。
官祿宮化權入田宅宮：經營不動產生意，但慾望高敢冒險。
官祿宮化權入福德宮：事業賺錢排場大。
官祿宮化權入父母宮：事業得父母支持，權在長輩的手中。

官祿宮化科入十二宮的情形

官祿宮化科入命宮：事業平順安穩佳，適合上下班為宜。
官祿宮化科入兄弟宮：合夥投資事業順，彼此無意見口舌。
官祿宮化科入夫妻宮：事業平穩配偶助，不要事業太勞累。
官祿宮化科入子女宮：投資事業平穩順。
官祿宮化科入財帛宮：賺錢平順風波小。
官祿宮化科入疾厄宮：工作輕鬆看平淡。
官祿宮化科入遷移宮：事業在外有貴人，貴人相助平順。
官祿宮化科入奴僕宮：與同事相處融洽，
官祿宮自化科：事業較平順安穩。
官祿宮化科入田宅宮：經營不動產平穩。
官祿宮化科入福德宮：財平穩無大風波。
官祿宮化科入父母宮：父母長輩事業上，的貴人任職平順。

官祿宮化忌入十二宮的情形

◎「忌」為己心、業力，流限引動逢之，難免有災殃多作公益可解其厄。

官祿宮化忌入命宮：事不順勞心勞力，常想換工作變動。

官祿宮化忌入兄弟宮：投資事業多不順，彼此多意見紛爭。

官祿宮化忌入夫妻宮：配偶事幫不上忙。事業變化大浮動。

官祿宮化忌入子女宮：變化大合夥不利。

官祿宮化忌入財帛宮：賺錢較難投資慢，資金不足都難發。

官祿宮化忌入疾厄宮：責任感重較勞碌，事業不順有憂煩。

官祿宮化忌入遷移宮：工作變動或不順。

官祿宮化忌入奴僕宮：事業關係友操心。

官祿宮自化忌：事業不順賺錢難。

官祿宮化忌入田宅宮：經營不動產賺少。且較勞碌勞心力。

官祿宮化忌入福德宮：經營不善有破財、福澤差沒有貴人。

官祿宮化忌入父母宮：事業沒有長輩助。

夫妻宮四化飛星：夫妻宮化祿入十二宮的情形

夫妻宮化祿入命宮：夫妻緣好感情佳。
夫妻宮化祿入兄弟宮：偶對兄弟朋友好，配偶會照顧兄友。
夫妻宮自化祿：配偶人緣佳隨和。
夫妻宮化祿入子女宮：子女有緣子女好。
夫妻宮化祿入財帛宮：夫妻感情佳幫助，自己錢財有幫助。
夫妻宮化祿入疾厄宮：夫妻感情佳參詳，關心你身體愛心。
夫妻宮化祿入遷移宮：夫妻緣早感情佳，幫助賺錢是貴人。
夫妻宮化祿入奴僕宮：偶對兄弟朋友好，會照顧兄弟朋友。
夫妻宮化祿入官祿宮：配偶對事業幫助，配偶在外人緣佳。
夫妻宮化祿入田宅宮：配偶夫妻感情好。
夫妻宮化祿入福德宮：配偶自己有事業，能幫助錢財享受。
夫妻宮化祿入父母宮：配偶與父母緣佳，相處融洽兄弟好。

夫妻宮化權入十二宮的情形

夫妻宮化權入命宮：夫妻緣好意見多。

夫妻宮化權入兄弟宮：配偶會對自己的，兄弟朋友態度好，但也會意見較多。

夫妻宮自化權：配偶個性強會管。

夫妻宮化權入子女宮：喜管子女及兄弟，對田宅慾望博高。

夫妻宮化權入財帛宮：配偶貴人掌財權，自己財能適幫助。

夫妻宮化權入疾厄宮：夫妻感情佳強制，性關心你的身體，愛享受桃花亦多。

夫妻宮化權入遷移宮：配偶較會管自己，常在外交際應酬。

夫妻宮化權入奴僕宮：配偶對自己的兄，弟朋友態度較好，但意見也非常多。

夫妻宮化權入官祿宮：配偶在外喜掌權，以免會有得罪人。且自己掌經營權。

夫妻宮化權入田宅宮：配偶較會管他自，且在家也欲掌權。
夫妻宮化權入福德宮：配偶掌自己業權，能幫助錢財享受。
夫妻宮化權入父母宮：配偶父母意見多。

夫妻宮化科入十二宮的情形

夫妻宮化科入命宮：夫妻感情佳融洽。
夫妻宮化科入兄弟宮：配偶對兄友隨和。
夫妻宮自化科：配偶緣佳好面子，個性隨和世清明。
夫妻宮化科入子女宮：對子女較有愛心。
夫妻宮化科入財帛宮：夫妻感情佳有助，沒錢時幫你調度。
夫妻宮化科入疾厄宮：夫妻感情佳愛心，關心自己的身體。
夫妻宮化科入遷移宮：配偶為貴人幫手，使我在外較平順。
夫妻宮化科入奴僕宮：配偶對兄友隨和。
夫妻宮化科入官祿宮：配偶在外人緣佳，平順事業有幫助。
夫妻宮化科入田宅宮：配偶與他自己的，朋友相處也融洽，家庭生活很美滿。
夫妻宮化科入福德宮：配偶之工作平穩，量入為出保守靜。
夫妻宮化科入父母宮：配偶與父母融洽，家庭環境佳圓滿。

夫妻宮化忌入十二宮的情形

夫妻宮化忌入命宮：夫妻相處不融洽，多怨多言多不平。

夫妻宮化忌入兄弟宮：配偶與兄弟朋友，無好印象較無緣。

夫妻宮自化忌：夫妻緣薄緣不好。

夫妻宮化忌入子女宮：配偶對子女不佳，偏心在家不習慣。

夫妻宮化忌入財帛宮：夫妻因財起糾紛，且夫妻感情不好。

夫妻宮化忌入疾厄宮：夫妻感情不太佳，性生活較不協調，桃花多夫妻多怨。

夫妻宮化忌入遷移宮：配偶在外無幫助，且夫妻緣薄不和。

夫妻宮化忌入奴僕宮：配偶與兄友無好，印象無緣沒話說。

夫妻宮化忌入官祿宮：配偶在外有不順，自己事業沒幫助。

夫妻宮化忌入田宅宮：配偶與他自己的，朋友相處有不佳，夫妻感情也欠佳。

夫妻宮化忌入福德宮：配偶事業不順或，為家庭主婦而已。

夫妻宮化忌入父母宮：配偶與父母不和，使自己精神較差，且配偶比較吝嗇。

疾厄宮四化飛星：疾厄宮化祿入十二宮的情形

疾厄宮化祿入命宮：人緣樂觀身體佳。

疾厄宮化祿入兄弟宮：兄弟有緣感情佳。

疾厄宮化祿入夫妻宮：夫妻的感情較佳，疼愛夫妻性趣多。

疾厄宮化祿入子女宮：子女緣佳疼子女，性生活多沒節制。

疾厄宮化祿入財帛宮：財運佳賺錢輕鬆，較有長輩貴人助。

疾厄宮自化祿：為人樂觀不計較。

疾厄宮化祿入遷移宮：外人緣佳朋友多，喜玩樂又愛享受。

疾厄宮化祿入奴僕宮：朋友緣佳朋友多，且異性桃花較多。

疾厄宮化祿入官祿宮：工作輕鬆又愉快，同事間相處和睦。

疾厄宮化祿入田宅宮：有財運身體也佳，在家平順也安樂。

疾厄宮化祿入福德宮：人緣佳福澤也好，且身體健康又佳。

疾厄宮化祿入父母宮：長輩有緣貴人多，在外得意有貴人。

疾厄宮化權入十二宮的情形

疾疾厄宮化權入命宮：個性強少年多災。

疾厄宮化權入兄弟宮：與兄弟會有意見，會管束兄弟照顧。

疾厄宮化權入夫妻宮：夫妻感情性慾多，但較會管束配偶。

疾厄宮化權入子女宮：子女緣佳管子女，性生活多沒節制。

疾厄宮化權入財帛宮：賺錢忙碌慾望大，較勞心勞力操煩。

疾厄宮自化權：個性強古怪早熟。

疾厄宮化權入遷移宮：在外忙碌人緣佳，與朋友較有意見。

疾厄宮化權入奴僕宮：與朋友緣佳貴人，想交更多的朋友。

疾厄宮化權入官祿宮：較勞心責任感重，掌權管部屬同事。

疾厄宮化權入田宅宮：財慾望高家掌權。

疾厄宮化權入福德宮：人緣好能力又強，但勞碌勞心多災。

疾厄宮化權入父母宮：有長輩適時幫助，外常有意見糾紛。

疾厄宮化科入十二宮的情形

疾厄宮化科入命宮：人緣佳身心愉快。

疾厄宮化科入兄弟宮：與兄弟感情交往，適可而止照步來。

疾厄宮化科入夫妻宮：配偶感情不和諧。

疾厄宮化科入子女宮：子女緣佳疼子女，性生活多有節制。

疾厄宮化科入財帛宮：財平順量入為出。

疾厄宮自化科：身體佳風度也好，病有良醫很快好。

疾厄宮化科入遷移宮：在外人緣佳朋友，與交往適可而止，

疾厄宮化科入奴僕宮：擇友而交無損友。

疾厄宮化科入官祿宮：與同事相處融洽。

疾厄宮化科入田宅宮：家平順量入為出。

疾厄宮化科入福德宮：身體亦佳有貴人。

疾厄宮化科入父母宮：與長輩相處融洽，有貴人在外平順。

疾厄宮化忌入十二宮的情形

疾厄宮化忌入命宮：身體差朋友交往，損害到自己身體。
疾厄宮化忌入兄弟宮：與兄弟緣分淡薄，與朋友感情不佳。
疾厄宮化忌入夫妻宮：與配偶感情淡薄，生活個性不和諧。
疾厄宮化忌入子女宮：子女緣薄管子女，性生活多有節制。
疾厄宮化忌入財帛宮：為財勞碌而傷身。
疾厄宮自化忌：體弱較多病勞碌。
疾厄宮化忌入遷移宮：在外不順較多災，朋友交往損身體，。
疾厄宮化忌入奴僕宮：與朋友緣薄利用，因朋友而損身體。
疾厄宮化忌入官祿宮：工作不順勞心力，同事相處不融洽。
疾厄宮化忌入田宅宮：錢財不順較勞碌，身體欠佳沒精神。
疾厄宮化忌入福德宮：體弱多病福澤差。人緣不佳朋友少。
疾厄宮化忌入父母宮：與長輩相處不佳，身體不好不如意。

對事業財官的判斷

命宮、子女宮、官祿宮、財帛宮、遷移宮、田宅宮。

上班人員主要影響宮位：命宮、官祿宮、父母宮、奴僕宮、子女宮。

天空、地劫、化忌這三顆星，是人生事業財官最可怕的破壞原靈。

昌曲、左右、化科及魁鉞七星，對升遷、考試是絕對需要出現的。

創業宜化權至，求財求祿不可沒有的星曜。

子女宮是合夥投資宮位、田宅宮是藏財之所，大體經商營謀，田宅宜堅牢。

紫微最怕空劫破，尤其地劫入財宮，天空入官祿無吉解，乃是最凶之象。

偏財的批判在福德宮有隱藏性作用。

財帛宮不好，田宅宮不佳，格局又無，應從事領薪水工作為佳。

父母宮帶煞，官祿星不穩定，公門比較無緣。

公務人員、領薪人員，則重命宮、官祿宮、父母宮、奴僕宮。

經商之人尤重財、官祿、福德、田宅、遷移諸宮。合夥事業則應看合夥宮。

子女宮申請公司登記，並兼看奴僕宮，看其貴人力量之強弱，分判文書案件處理是否順利。也可類化為附屬小事業單位。

事業財官與十二宮活盤變化

官祿宮為事業之本宮以事業工作為主體宮。

田宅宮為事業之夥伴宮同行的動靜狀態最清楚。

福德宮為事業的夫妻宮關係企業宮的本位。

兄弟宮為事業的疾厄宮影響事業營運的狀態是否事業本身有問題。

疾厄宮為事業的田宅宮公司店面的選擇。

奴僕宮為事業的父母宮事業的上司宮位是管束督導事業的宮位。

子女宮為事業的奴僕宮要員工的好壞是否盡忠職守。

父母宮為事業的子女宮看其貴人的力量為何。

紫微斗數活用論命問答篇

1、何謂化祿入它宮，化忌入本宮？

答：此現象祿不入本宮，而忌入本宮，因此會祿出。

2、何謂化祿入他宮化忌沖本宮？

答：此現象更凶，概他宮化祿入他宮時，以構成對我不利之現象，即忌星來沖我命宮。化忌入我命宮其損失較輕，沖命宮損失較大。

3、沖本宮有一個問題，乃福德財帛線兩宮是否也以本命宮之線論斷？

答：是的，只是在此線的角度較不合此象，但若夫妻沖官祿、出外沖本命、子女沖田宅、父母沖疾厄者皆同角度論之。如化忌入福德沖財帛皆為忌入，乃想請客之意。但忌星入財帛比入福德好些，入福德沖財帛較不利。

化祿去他宮化忌入我之處，乃好處給了別人而壞處才來找我之意。故不要以為交友化祿照田宅對我有利，化忌沖命宮會挖我一大把，即入給了他人，我只有付出無收穫，此點也可用大限流年來看。大限體賴上為用，乃以這公式套入，而用乃大限帶動本命盤，命宮在用故斷大限之法與斷本命之法相同，而依此法可看出格局。

如欲斷本命夫妻

則以看大限夫妻之法即可。如大限命宮入本命夫妻宮時，歸入本命盤，而以本命盤為宗根，故大限吉凶也就是夫妻之吉凶。假設歸入吾三合位即歸有歸。即有對待關係而知夫妻對待之好壞。

未婚者欲看夫妻如何時

乃以命宮為一，而以其三合位論斷即知格局。即是說命格如何論斷，夫妻之格亦如何論斷，此乃以死法而定而得其格示。而以夫妻之四化套入吾命盤之三合時，乃成為夫妻與吾之對待。也就是說死法斷格活法斷對待其理皆同也。不管以何宮位為主之一五九位，乃論先天河圖。而洛書之用乃體賴上為用，為大限之用，走子女宮或財帛皆同，乃以洛書歸入河圖而論運行及對待角度。

若要論子女的問題

當以子女宮為一，財帛為二，夫妻為十二，父母為九乃官祿之代位，而斷之子女之格。若以子女之四化配入本命盤時。

如子女化忌沖疾厄即子女之健康不佳，此乃與吾產生直接之對待問題，若欲知子女本身之吉凶，即以子女為一而論斷即可得子女之格。此乃公式不變，然以公式只能斷格而已，要以活法才可斷對待原理。故云祿出乃祿與忌之出入，不可只看忌或只看祿，要祿忌同看才有比較。也不一定忌沖即凶而要參看祿在何處，此乃祿與忌之應用妙訣。

夫妻坐忌與財帛坐忌星時

二者以財帛作忌星厲害，因財帛忌星沖福德乃夫、財、子祿之中以妻、財之構成角度。以上乃以數套入斗數之中，以闡明斗數之妙。夫妻之吉凶與出外有關，出外之吉凶與夫妻有關，故由此角度可悟出，天機妙理盡在數之應用也。

以上論生數以後論成數時即有變化，乃歸原之意另有歸位他處，數之相差為二乃一體兩面之兩儀構造也。故數之第一步乃學三七此兩宮位，此乃數理入門第一節與我一生最關切。

問：三七乃吾之命運，二八乃外來因素是否爲財與官之事？

云：三七與我有密切之關係，有人婚後發達，有人婚後不好，父母與我相處在前半生，子女長大後自有其天地，故與我關係最密切者乃夫妻，而兄弟、交友乃將來入社會時之社交運，即三七屬內二八屬外，數乃以此而演易也。故如見夫妻不吉利之命造應當晚婚。

古云：娶惡妻一生苦，種劣田望後年，即娶錯妻終身吝，有二即生四，差數也在五度之內。

云：有三而後又化祿入四時，乃是有好配偶還想再要一個。以上為數之基本，融通後一步一步演進，時代雖變而理不變，只是形態在變而已。這就是大自然的易經常理。

雜論子女宮四化口訣心法

子女宮干之化祿與化忌所落宮位判斷夫妻關係本命盤大限流流年通用、晚婚、不易結婚，婚前已與他人同居、同居關係多，且不願生小孩。

因在外有桃花而離婚不要名分的同居——不要結婚較好。

夫妻常吵架同居關係，且同居對方為有配偶之人離異命。

女為風塵女或偏房，男主風流濫行夫妻常吵架男二妻女二婚。

女為人偏房，男對象為已有婚嫁之人夫妻間多怨言女為偏房。

男娶有過婚嫁之人——男娶離婚婦，女為小老婆命夫妻常吵架，但不會離異。因桃花問題而吵架，夫妻常吵架、夫妻不合，因桃花問題而吵架。性慾強盛為劫數心主二婚或入贅若是本命盤之子女宮，化忌入夫妻宮與對待無關。而與生產或子女有關。又化忌入夫妻沖官祿，官祿為子女宮之疾厄位。故可能沒有子息，有也難養或留不住，子女宮化忌與對待無關，但與子女有關。大限子女宮化祿入財帛，男主一定有女人，女主有男人。大限子女宮化忌入大限夫妻宮，無結婚限運，其男命為婚姻。本命子女宮甲廉貞化祿入疾厄，太化忌入命宮，主不易結婚，而又主婚前已與人同居現象。本命財帛宮庚戌太陽化祿入子女沖田宅主富，而武曲正財星在財帛自化，目前此人身邊無現金但有許多房屋。

子女宮自化祿與子女有緣

若問何宮化忌沖子女，則為該原化宮之象意為防害得子之原，若夫妻化忌沖子女宮則為夫之問題或妻。子女宮干戊貪狼自化祿主有子息，但因福德宮干男癸貪狼化忌入子女宮戰剋，故無子息之原因與夫有關，子女宮為福德宮之疾厄數位，主夫有疾病，貪狼屬木水為肝腎，化忌主有病。

論斷婚姻之年

應以本命子女宮化忌「主桃花已被管制」所落之宮位起，第四宮之流年為結婚年。以子女宮干之陰陽為進退，陽進陰退，即陽宮進四位陰宮退四位，本項斷法經實際證後準確性不高。

當大限有結婚之象，再斷該大限內之年歲，否則每十二年即有結婚年出現。流日之看法當以每年正月一日起斗君，一直數至十二月三十日，不可按每月斗君所落宮位為初斷，若按月斗君起初一則不準，看桃花乃以子女宮干為主。

結婚要看田宅宮，若子女宮干化祿在命宮、出外、子女之四正位，或命盤之子女宮干化祿出外沖命宮，或化祿入命宮者，主其人一生桃花多，但若子女宮化祿所落之宮位，其宮干自化忌時，對此桃花則有牽制作用，否則在任何情況都無法制止其桃花。若子女宮自化祿，或化入田宅自沖，或田宅化祿沖子女則主為肉慾桃花，較少精神愛戀，而只有祿落宮干自化忌才能予以牽制。

若子女宮化祿落遷移或命宮為精神桃花，喜風花雪月歌舞近女色。

若大限子女宮化祿主十年桃花「有上列現成者」流年子宮主一年。

看桃花當以子女宮為主要宮位

本命宮為子女之田宅位，田宅宮為子女之出外位，出外為子女之子女位，看桃花度數之深淺。桃花之有無以祿忌分之。

化科之桃花主介紹，如子女宮化科入命，主此桃花乃是經人介紹而來。

化權不見得有桃花，但屬毛手毛腳形之男性。

化忌入交友、兄弟主肉慾重性關係。

若子女宮化祿入財帛、福德、交友、兄弟時，主外遇。

子女宮化祿入交友、兄弟線主較有異性緣。交友為同類即同性，田宅為異性看結婚。

兄弟、交友、福德、財帛為家外桃花

女命子女宮化祿入交友、兄弟位主異性緣厚，也許是八大行業或從事類似行業股份等。

年忌坐子女宮

而子女宮又自化祿時，自化祿歸自化祿，自化忌主溺愛子女沖田宅主與祖業有關。以上與桃花完全無關，但子女宮干之四化就與桃花有關不可混為一談。若子女宮化祿入出外，而出外又自化祿時，主桃花強烈並為好桃花，有貴人不會引起糾紛。流年子女宮自化忌，可能有未婚對象之外遇。流年子女宮自化祿，可能有已婚對象之外遇。

子女的性別

本命子女宮為頭胎男性，丁巨門自化忌主無男，而丁太陰化祿入疾厄沖父母，而知頭胎為女「若太陽化祿乃主男」。二胎看財帛，丙天同化祿，廉貞化忌自沖，而化祿主星，天同屬南斗主男。子女宮干太陰化祿入計巳申位，第一胎生女，而次胎財帛宮丙天同化祿入子即子女之正位故主第二胎生男。

子女宮與桃花性的問題有關

化祿入夫妻宮主外遇。子女化忌入父母沖疾厄，主有流產、生育不順、早夭現象。子女宮化祿入官祿沖夫妻，乃我對太太好，而子女化祿沖命宮主太太對我好。

如一婦女在第一次婚姻中，生有一子，因離婚由夫帶走，第二次婚姻沒有生育即等於無子。若子化忌入父母宮，而父母宮又化忌入子女宮為無子種，亦即沒有精子。子女宮自化忌，主子出生時有不順之現象——生產不順、難產、開刀生產。子女宮之官祿位為父母宮，故子女父母互，相化忌主無精子。祿忌相沖主雖有生子，但有養不大之現象。

如子女宮化忌入父母，父母文昌化忌入田宅沖子女會生育，但子女中有早夭者，因父母宮干辛巨門自化祿故有子種。陽星入子女、田宅之生意，可作生產業、製造業「如太陽、武曲」。

天府屬戊土，與紫微互為陰陽。為華綠色，陰土藏於內，陽土現於外而見。

祿為祿庫之星，主財主在外——錢財為生不帶來死不帶去。

化祿與紫微同有解厄之宮。化祿入福德、疾厄，主身上有解厄之功主健康。化祿入田宅主有財庫。祿庫之星最喜入命宮、田宅。化祿入命宮、官祿、財帛因係庫星，故無錢財上之作用，僅解厄之力。化祿入命宮主遇難有解厄之力——逢貴人。化祿入官祿、財帛主事業上有貴人，但作用不大。化忌入田宅主無財庫，入子女主將財庫給子女，入奴僕主財庫因朋友而用。

有時則要以配偶，之生年四化套入，則要以配偶生年，四化套入本命盤，而看其四化入在，吾命盤何宮位，入吾三合之何宮，必須用立標法求，結果不可一概論。原則上所合定數，乃是配偶之個性，剛強而脾氣凶燥，其生年干之互異，所以有不同之化星，得求其定數輕重，以此立標見影之。

十步天干訣

就是要用到標而催出，否則即無分別也，形成一概而論，亦會混雜不清。如命盤中子女田宅由星辰相同者，子女之形態個性或許有些相同的地方，但其子女生年月日之不同，而其角度即有其互異所在，故程度也就有所不同了。但其理論與基本原則相同。如殺破狼者須要作生意，但要做何種生意，個人就有不同角度所在，以此法則分別判斷才能達到細微的準確。

以本人之命盤，而看其四化入吾命盤何宮位，入吾三合之何宮，必須用立標法求其結果，不可一概而論。原則上其所合之定數乃是配偶之個性剛強而氣凶，但其生年干之互異所以有不同之化星角度，得求其定數之輕重而以此立標見影之法。十步天干也用到標而催，否則即無分別，形成一概而論，亦會混雜不清。如命盤中子女田宅由星辰相同者，子女之形態個性或許有些相同的地方，但其子女生年月日之不同，而其角度即有其互異所在，故程度也就有所不同了。但其理論與基本原則相同。如殺破狼者須要作生意，但要做何種生意，個人就有不同角度所在，以此法則分別判斷才能達到細微的準確。

文曲文昌化忌與搬家有關

化忌如田宅宮己文曲化忌入子女自沖田宅皆主有遷居現象。

化忌如田宅宮辛文昌化忌入子女自沖田宅，皆主有遷居現象。

化忌如田宅宮己文曲化忌入出外自沖命宮。皆主有遷居現象。

化忌如田宅宮辛文曲化忌入出外自沖命宮。皆主有遷居現象。

*如文昌或文曲坐丁巨門化忌入子女沖田宅，主家中因口角糾紛而遷居，其

中有很多情況須詳細論斷。

*破軍七殺之化忌破軍寄體於文曲。破軍七殺之化忌七殺寄體於文昌。七殺帶有兇暴的星情。祿存主財，化祿主財由何處來。祿存主財，化忌主財用向何處去。由宮干化之再看來去宮位。由田宅化去子女之祿，本就是射出祿，而其射出同時也帶動生年干祿星射出宮去，其意即是說從田之宅家中把東西或錢財帶出到子女家之外花掉，此即是順水祿、射出祿、洩出祿。

問：若祿權入子女陰數之宮是否也主賺錢？

云：同樣照賺不誤，但落子女所不同的地方，乃因子女在數為主外，乃是子女長大後要出外發展故也主動，乃陰中之陽，所以父以子為貴，乃是父母的財產也如財帛一樣重要，只是父母對於子女的付出不惜代價，故付出的較多，以理而斷，祿權若在子女宮者，乃拿出去的多賺回來的較少，即有吐出之現象。也就是說若想作生意賺錢，則需先拿本錢出去的味道，即照田宅乃帶動田宅出去之象也。

*如與朋友和夥作生意，要拿出資本來——養雞也需一把米。故落子女線，實際而言並非吉乃虛也。

*子女如化星入田宅主財——吉利，權祿所落之宮位仍然，以兄長、交友、父母、疾厄為最佳，此皆為賺他人財之位。

*子女田宅乃先投資再賺錢，至於賺不賺錢還是未知數，只是一種虛象也。但若再轉化入田宅時，才可認定為真吉利之時機。

*子女化祿乃拿錢出去投資，入財帛才是實實在在的，即入田宅之意。

*萬勿之數以四為極點超過五即落中。

*切不要以為化祿入子女沖田宅為很好，這只是過路財神，因會賺可能也會

花掉。且子女也屬異性，主會去吃花酒虛華，若入田宅乃主帶回家，因田宅視同命宮。如化祿入父母、疾厄、兄弟、交友乃賺的多花的少——比較實在。祿權以落入之宮力量較強，沖，宮力量則小，主要乃由星情判斷。

*如官祿化權科入夫妻，回照官祿宮，照理而言，權科若照官祿時，則權科之力量強，話雖不錯，但若由三合命財官之對宮照來者，乃主需要有人提拔，在官祿而言無實權——因權在對面不在自己。

*若權科落入官祿則主有實權，不必他人提拔即可自立，一樣吉利，意義不同。沖照乃別人欠我債，要疵陰我，但我並無實權。若田宅化祿到子女，而子女坐年祿時，此祿並無擋回之作用，乃是出外賺錢不論多少都快樂的花掉。而若年祿坐田宅，田宅再化祿到子女，乃在家本有享受，卻將錢拿到外面再花掉之意。

*若年祿在田宅年忌在子女，而田宅又化忌到子女，屬逆水忌加祿，利潤有好幾倍。此乃本來在家已夠享受，但又逢逆水忌，花掉的錢又賺回好幾倍。生祿坐田宅而又化祿到子女，乃是拿家裡的錢到外面花掉，此田宅化出之祿叫順水祿。若由田宅再化忌入子女時叫洩出忌，也是由家中拿錢出去損失掉。

*子女化祿入田宅，而田宅坐年祿此祿並非吉利。乃主出去玩花錢由家中拿。反之田宅坐年祿而又化祿入子女時，乃由家中搬財產出去花掉，即是敗家子

——在家為敗家子，在外為花錢闊少爺。

*子女化祿到田宅，田宅坐年祿時，乃是我在外需用多少時，即由家裡拿多少出去用之意，而無敗家子味道。最吉之象乃子女坐年忌，田宅坐年祿，而田宅化忌入子女乃為逆水忌之局。化忌與化祿之理若能參透，則以斗數判斷命格決不會有所差錯——判斷如神。

子女之自化，對子女而言，自化主多餘的。
自化祿時，乃不想再生育。有孕時予於墮胎拿掉。
自化權時，也同不想再生育，但要拿掉時有麻煩。
自化科時，比較好拿掉不會影響健康。
自化忌時，主流產或剖腹生產之跡象。

年之祿權科忌

入子女宮時，主對待子女之好壞。而另一方面，又主只要有一顆星入子女宮時必帶動桃花，而自化主雖有桃花但交不住。以子女之對宮田宅之星情，可看出子女之個性。

彙集子女宮祿忌十九條便訣供為參考

子女宮化祿入夫妻宮，而化忌入命宮——主晚婚不易結婚，婚前已與他人有同居現象。

子女宮化祿入命宮，而化忌入田宅沖子女——主同居而不願生小孩。

子女宮化祿入出外，而化忌入官祿沖夫妻——主因在外有桃花而離婚。

子女宮化祿入夫妻，而化忌入疾厄沖父母——主不想結婚，同居較好。

子女宮自化祿，而化忌入福德沖財帛——主夫妻常為小事情吵架。

子女宮化祿入田宅，而化忌入夫妻——主桃花且對方為有配偶之人，男女皆同。

子女宮自化祿，而化忌入夫妻宮者——主離異之命，二度婚姻以上。

子女宮化祿入夫妻，而化忌入疾厄沖父母主男女為感情複雜的現象。

子女宮化祿入父母，而化忌入田宅——主女為偏房，男孤獨。

子女宮化祿入財帛，而化忌入兄弟——主為怨言夫妻。

子女宮化祿入兄弟，而化忌入官祿——沖父母主男娶離婦，女為繼母命格。

子女宮自化忌，而化祿入官祿沖夫妻——主夫妻常吵架爭論。

子女宮自化祿，而化忌入夫妻沖交友——主夫妻因桃花而吵架。

以上之法為命盤判斷口訣，若看大限或流年以其方式套入大限流年盤即可，大限主十年流年主一年。

子女宮化祿入夫妻，而化忌入交友——主夫妻無事常吵架。

子女宮化祿入官祿，而化忌入出外——主夫妻不合常無事爭吵。

子女宮自化祿——主性慾強盛，沾花惹草。

子女宮化祿到交友，而化忌入田宅——主桃花淫亂虛花。

子女宮化忌入命沖出外為劫數位——主必二婚或離異再婚。

雜論財帛宮四化口訣心法

*男命若財帛宮化忌入官祿，沖夫妻主男凶，大運限流年到兌現。

*男命化忌入財帛沖福德，主沖宮月令以前不好。

*月令斗君之出外宮化忌為財動，主損財-與生死無關。

*同理問財時，如流年財帛宮壬午，武曲化忌落戊子而戊子為流月命宮庚辰之財帛位，故必須過十月進入十一月後才可論錢財之好壞。

*若問懷胎月分好壞，則以子女宮干癸，貪狼化忌若戊寅宮，而流月十一月半己為戊寅之子女宮，故過十一月而在年底十二月懷胎必有子女。

以上方法看流年月令。

論倒債落財失敗的情形

如財帛宮化忌入父母沖疾厄時，主倒債一一必定是朋友拿走。

又如父母宮之星不可能化忌時，應看官祿宮與夫妻宮。

又如財帛宮化忌入官祿沖夫妻，主生意困難或倒閉。

又如財帛宮化忌入夫妻沖官祿，主生意困難或倒閉。但主硬掙拖拉。
又如財帛宮化忌入父母沖疾厄，主倒債。
又如財帛宮化忌入疾厄沖父母，主為拖債。
凡債務周轉生意問題，以疾厄宮為主。
若父母宮自化忌時，必須忌出故不定主父母之事。
財帛宮化忌入官祿，而官祿又化忌入福德沖財帛，主作生意不賺錢。
化祿入財帛而財帛宮又自化祿自化忌主不存財沖福德因享受花掉一漏財。
財帛化祿入交友、兄弟，主靠朋友、兄弟、親戚賺錢。
財帛化祿入出外照命，主靠自己賺錢——白手起家。
大限財帛化祿入命宮、出外、官祿、財帛，主自力更生。而其中化祿入出外、命宮主忙碌，為了賺錢奔波煩心。
大限財帛化祿入子沖田宅，主此限田宅多。
大限財帛化祿、化權入父母或疾厄同宮時、或互照主大賺錢十年。
化祿入疾厄主樂天之命，煩惱三分鐘而已。
化祿入官祿宮，所作事業龐大，大到何種程度，則要看官祿宮干之化祿。

化祿所入宮位及所化星情

若大限官祿宮干化祿入父母，而父母自化忌，則主本大限十年有賺錢運會賺錢。但因父母自化忌故雖有機會但沒有把握住，或主賺錢容易就滿足，沒有太大慾望或定力不過而讓機會跑掉。

*大限財帛與官祿之化祿，皆入本命、父母沖疾厄，主事業財祿皆興旺。但因大限財帛自化忌，而大限官祿化忌入子女沖田宅「大限之命宮」故事業財祿兩方受牽制。子女宮「原命盤田宅宮」自化忌，財受牽制故不好，因自化代表洩出落財。

大限財帛宮化祿入出外，照本命宮主財運好。

大限化忌沖本命財帛宮，主財運不好。

即同類相比照屬吉利，沖則較不好——凶。

好的如祿權科在對宮稱之為照——吉。

壞的如忌在對宮稱之為沖——凶。

古云：其剛強凶狠之個性略同。但凶的成分有輕重之分別。

陳摶希夷先師創造紫微命盤*紫微命盤有如棋盤

1、命宮如營寨：如將帥不可衝，衝則倒棋。
2、兄弟、父母：如左右手如仕腳，仕腳若破則無人輔助。
3、夫妻、福德：如軍師軍師替我們分憂。
4、子女長大成人：如馬馬須在外發展奔波。
5、出外宮如炮位：如炮位不可反沖，沖命則不利。
6、疾厄、交友：如前鋒兵卒，前鋒破了則無助手。
7、事業、財帛：如先鋒，如車除了講求快速也要顧及穩重。

天地水火四大因果

宇宙天地大自然，太極開通天地人，天地水火四大素，萬物生成總資源，
四大階空道佛禪，易經紫微斗數法，金木水火論四化，宮星四化盤中飛，
全看忌星論玄機，生剋制化君需記，吉凶悔吝在其中，星情變化是天數，
一切變化階有因，詳細判斷看分明，人事物宮看重點，進退勝敗運限中。

各種忌星總論

1、順水忌：你知道為什麼你的錢財都積不住？你的命格是不是有漏財忌？要怎樣才能讓你守財守得住呢？

2、逆水忌：自己當老闆、開工廠或是生產事業的大財團。你知道你是否有此命格嗎？什麼樣的事業才符合你，若是運途走到此運，事業正要大發展，會不會因此錯過呢？要如何掌握。

3、水命忌：亦是老闆命，水命忌囤積物資大盤商，貨物入多少出多少，屬於大盤商的大生意人，你是此命格嗎？要如何才能穩賺不賠。

4、糾纏忌：兄弟、父母、夫妻恩怨分不清、是非纏不離，一家人要如何化解此麻煩的糾纏忌？

5、是非忌：別人對你總是誤解、是非不分嗎？要如何化解此險境？

6、循環忌：人際關係如何經營的好？對家人、朋友、愛人如何在全心全意付出而能得到百分之百的回報呢？

7、入庫忌：你有麻雀變鳳凰、嫁入豪門、或娶到富家女或當上駙馬爺的命格卻不知道什麼時候是時機的機運錯過就沒機會了？

8、拆馬忌：父母、夫妻、兄弟分離；情侶無緣無故的分手，何時走到拆馬忌，又該如何去預防被拆散而後悔？

9、桃花忌：另一半風流成性、喜新厭舊、事業賠錢、愛面子聚少離多，夫妻長期誤會而導致不定期之炸彈，終始家庭破裂，該如何去預防及改善提防呢？

10、返弓忌：夫妻多怨、父子反目成仇、兄弟互相不諒解，將好人硬坳成壞人，將對壞人卻又心服口服，事情的是是非非、對與不對反覆無常，要如何才能化解此忌呢？

11、進馬忌：得到偏財運卻守不住得不到，該如何把握未得到和已得到的財富不被倒掉或一毛步存嗎？

12、退馬忌：億萬財產被騙光財富賺入卻又流掉，該如何預防退馬忌才不會把錢花掉而又能以此賺更多呢？

13、欠債忌：朋友借錢卻又不敢要，借錢給人除了要不回來還被誤會、被騙一次又一次，要如何化解此欠債忌使錢財不被倒掉或被騙？

14、絕命忌：面對生死大關頭，該注意命煞中什麼時候，劫難來臨，要如何安全逃過厄劫，又如何從命盤中掌握時機呢？

專論忌星的命格

什麼是水命忌命格

水命忌一定是從命1財5官9三個宮位化忌，入對宮遷移宮7福德宮11夫妻宮三的忌才是水命忌的格局。

什麼是逆水忌命格

逆水忌是水命忌的格局，而遷移宮7福德宮11夫妻宮3，又有生年忌星或是化權星坐守才是逆水忌的格局，屬於大老板、大企業的命格，生年化權星坐守的逆水忌格局的個性權威霸道，生年化忌星的逆水忌格局的個性比較慈悲，凡事看得開有同情心。

什麼是洩水忌命格

洩水忌是逆水忌的格局，而遷移宮7福德宮11夫妻宮3，有生年忌星坐守，這就是逆水忌的格局，這個時候如果遷移宮7福德宮11夫妻宮3，這三個宮位有自化忌的時候就破局，亦就是所謂的洩水忌，洩水忌的格局就是賺多少花多少，大好大壞所以要特別慎重其命格。

什麼是射出忌命格

射出忌的格局，由本宮發出的忌全叫做射出忌，亦是漏財的意思，射出忌的一種屬於漏財的格局，什麼宮位化來的忌星就是什麼人會來讓我漏財，如果本宮再自化忌或自化祿，那就漏財更嚴重。

什麼是順水忌命格

順水忌的格局不是由遷移宮7福德宮11夫妻宮3這三個宮位所化來，而是由別的宮位所化入的忌星就叫順水忌，順水忌就是慷慨解囊，別人要你花多少你就花多少，甘願開銷化進，什麼宮位就是屬什麼人要你花錢，這時被化入的宮位雖有生年忌星坐守也無法擋住。

什麼是糾纏忌命格

糾纏忌的格局，交友宮化忌入財帛宮，而命宮化忌入福德宮乃忌對忌，對宮互沖糾纏不清，糾纏忌入夫妻官祿之時乃怨嘆忌，糾纏忌入交友兄弟之時乃朋友兄弟糾纏不清，屬於欠債忌，看什麼宮位線就知道跟那個人糾纏不清。

什麼是是非忌命格

是非忌的格局是錄來忌去、忌來錄去，在同對待宮位化來化去，如命宮化祿入交友宮，而交友宮化忌入命宮，在同對待宮位化來化去才是，別的宮位就不是。

什麼是討債忌命格

討債忌的格局是什麼宮位化忌入命1財5官9，三個宮位都屬於討債忌的格局，我花錢在什麼人身上我甘心，如果命1財5官9三個宮位化忌，入什麼宮一樣是別人欠我的。

什麼是欠債忌命格

欠債忌的格局不是從命1財5官9三個宮位，化忌入對宮，如由兄弟宮化忌入交友宮，而交友宮有生年忌星坐守，是屬於欠債忌的格局，欠朋友兄弟的債一生都為朋友兄弟付出，這種格局的人最好不要掌錢財或出主意才不會漏財。

什麼是反弓忌命格

反弓忌的格局是大限入本命的命1財5官9三個宮位，而大限宮化忌又化入本命遷移宮7福德宮11夫妻宮3，沖本命1財5官9三個宮位，就是反弓忌，反弓忌又叫雙忌，其力威猛屬於大劫數，如果大限不是本命的三合宮位就不是反弓忌。

什麼是循環忌的命格

循環忌的格局是大限宮命1財5官9三個宮位，化忌入遷移宮7福德宮11夫妻宮3，沖本命盤的命1財5官9三個宮位，循環忌就是情義對待，有情來就有義去。

什麼是入庫忌命格？

入庫忌的格局是生年忌星，坐辰戌丑未之時就是入庫忌，有入庫忌之時千萬不可再自化忌之時，如再自化忌之時則無財自化洩出，乃洩出落財的意思，如入庫忌在田宅宮時，必為家庭付出較勞碌命，看那個宮位就是為何人付出。

什麼是拆馬忌命格？

拆馬忌的格局是寅申巳亥，有生年忌星坐守或是自化忌或錄的時候都是屬於拆馬忌的格局，若拆馬忌在六親宮的時候主要有分離的現象，在父母宮的時候最好不要與父母同住，否則家中是非很多，在夫妻宮的時候夫妻聚少離多。

什麼是桃花忌命格？

桃花忌的格局是子午卯酉，有年忌坐守就是桃花忌，桃花忌的人誇大風神充面子如逢自化忌，或自化錄的時候大都風塵，風流場所出入或跟這行業有關，如果桃花忌在財帛宮福德宮那就更肯定八大娛樂行業有關。

什麼是絕命忌的時候？

絕命忌的格局是化忌入出外宮沖本命盤的命1財5官9三個宮位，大小限的出外宮都屬於絕命忌的格局，表示有大的劫數，田宅宮化忌入出外宮沖本命亦是大劫數，看什麼宮位就跟什麼有關。

斗數四化的三方四正活盤運用

子午卯酉天元宮，天時根元本清靜。
辰戌丑未地元龍，地利枝葉較濁混。
寅申巳亥人元位，人和四方奔波浪。
但看宮位定因由，事因全是天注定。

天地人三才盤四化大致可分爲：

生年四化屬本命，先天因果原由宮，四大因果固定盤，命盤本來無好壞，
命宮四化是果報，正是後天對待宮，何時何人入何宮，發生動態全在內，
各宮四化玄機妙，代表本宮的變化，飛到何宮定何事，提早預防免受災。
天地人元三才盤，四化運用在大運，流年發生的吉凶，好壞盡在此中論，
生年四化是天盤，代表先天因果源，固定命盤無好壞，有因才會生後果，
大運四化是地盤，大運限行的情形，後天果報靈動宮，參照三盤便得知，
流年四化是人盤，流年四化在何宮，進退果斷莫遲疑，禍福全在盤中現。

天地人三才四化星的論斷之法

生年四化命格局，本命盤中因生來，業力體質氣強弱，先天格局論高低，
本屬靜態無好壞，大限四化顯後天，面對還境的問題，自己面對需要知，
歲限四化顯當年，三才盤化變動深，本命大運與小限，三方運行相照會，
大運之時以大限，命宮四化為主體，生命盤為對照線，參看流年相配合，
吉凶悔吝在其中，與時皆行就是福，知止罔進自困擾，未曾注勝先注敗。

天地人盤問答

人為何懷胎十個月，由寅宮人之位起正月，到亥宮剛好十個月也為人之終位，以命主言，丑宮有巨門，居二黑之位，或亥宮有巨門二黑之位。亥宮為男位，丑宮為女位。因亥為人之位以陽為主，丑為地之位屬陰。

巨門在辰、戌、丑、未之位，庫之地時，巨門與財有關係。巨門主是非之星，故主賺錢時多少有是非。

問：人何以會作小偷？

答：蓋巨門乃是非之星，若命宮之三方在辰、戌、丑、未逢巨門化忌時，此人較有偷拿東西的習慣。

1、寅、申、巳、亥四馬之地之巨門居人之位，主奔波，驛馬。如巨門在寅、申、巳、亥化祿或化忌，此祿與忌皆不佳，忌星在寅、申、巳、亥人之位乃為拆馬忌，最好要分開。如為父母宮，則或不與父母同住在一起，如為夫妻宮，則夫妻聚少離多或分離兩地。

2、人之位不論逢祿、權、科或忌，都主要奔波勞碌，故要分開較有利。此乃人盤之位，即生為人，在人位之四馬之地，逢忌主奔波，乃驛馬之地，分開較好。

3、辰、戌、丑、未為地之位，屬四庫之地，主財。

4、如武曲、貪狼同居未宮庫位。不管化祿或化忌，或自化祿、自化忌，因係落庫之位，故主此人必須得賺錢，又欠債之意，因而必須為賺錢而勞碌。若化祿，則主非賺錢不可，要去求財謀生，不管有錢無錢都必須去勞碌賺錢。

5、在子、午、卯、酉天之位，主為人有樂天之命，不知憂愁煩惱。如疾厄化祿在子、午、卯、酉時，乃為人樂天。如疾厄為辰、戌、丑、未而有化祿時，此祿乃勞碌之祿，故須知因宮位之不同而自然產生之四化含意也不同。

6、即在子、午、卯、酉為樂天之命，是非桃花較多，主要應看化祿落何宮位而斷。

7、化祿落子、午、卯、酉天之位，為人整天不知愁煩。

8、化祿落辰、戌、丑、未為地之位，若為祿科同入，主食祿不缺，壽元長，可是少年必多災多難，但不至於有生命之危險。

與生命之險有關者，主要在子、午、卯、酉天之位，如疾厄為子、午、卯、酉宮而有化祿或自化忌時，對於身體健康較有問題。

9、因天與人本即天人合一，故在天地人盤之中而論：人之命盤乎於天，天象乎於氣，故象命必以天人合一而斷，即人盤與天盤合起來看。

10、天繫乎於氣，以天論氣，故斗數全書云：某星化氣為善、為惡，概因「氣」之中有氣與數，是謂之「天之於命，繫乎於氣數」，因而天生我命乃在於氣數。

11、氣輕而升於天，數重而降於地，是故人不能逃出氣數之範疇與五行，也就是人在氣數之範圍，在於命即為定數。

因此何以斷命需要流年套合本命盤斷象，而在此四象所主之定數在大限（參照宮位）。

1、氣屬於天，天干主空間，乃主形態之情形而已。

2、地屬地支，主時間，乃主質料之實質。

3、天干合地支為納音，司人事，故人事逃不出氣之範圍。

4、是故因四化星係用天干而化飛，所以主論空間，四化星所飛落之空間乃有其垂象而已，仍必大限或流年過度到化星所落之宮，而應驗在其地支之時間上。

5、譬如某宮有化忌沖，主悔吝，但因流年未到，故其定數尚未來臨，流年一到，忌沖之宮，其定數即時應驗。

斗數之論斷用神在於四化

1、四化乃由天干而來，天干論空間，乃垂象而已，即僅為垂象，則四化當無吉凶，若不應驗在地支之時間上，則吉凶即不出現，故必合而論之。

2、如流年命宮化忌沖本命盤命宮（或某宮）時，即知會有事故發生，但以流年而言，此象必每某二年必有相同之象，如何可知其定數在何年，其差異分別當在地盤（大限）運數之中。

3、故假設本命盤為天，則流年為人，大限為地，地中有數，天人合一。

4、（流年要對本命盤）若以大限為太極（天）時，流月及人盤，流年即地盤，流月要對大限。

5、若以流年為太極（天）時，流日即人盤，流月即地盤，流日要對流年。

6、以此推斷時相當準確，如流日之遷移化忌沖流年之宮位，乃主當天發生之事。

此流日之宮干若以日曆之干支言為新干支，主新發生之事（後天）。如以原本命盤干支而言為舊干支，主原有之定數（先天），此定數會因新宮干而變。如癸亥年，以癸盾甲寅看流年各宮之新遁天干為新宮干，新宮干乃主今年或某月發生之事故。

7、譬如以交友宮之四化而知今年有異性朋友，或結婚之象，若以原宮干化飛而有跡象時，即其對象必是舊交，若原宮干無跡象而以太歲遁出之新宮干化飛有此跡象時，乃新朋友。命所用之命盤仍然歸入原一命盤使用。

8、天人要合一，直接用命盤變換。大限主定數在何處，在大限十年內會否行限流年到此宮，如大限命宮化忌沖命，而流年行不到命宮，在此大限內即不到命宮之位時，此化忌沖即無作用，其原因乃因已換過大。

9、但如忌沖之宮在大限管轄之內，沖到之流年必有損傷。忌沖之宮本屬害，但若坐過忌時，其沖宮之禍即輕，此乃談時間來得早晚之問題，也即是應驗在時間上之不同。

四化之星主垂象

因而知化星入寅、申、巳、亥四馬之地，必主奔波。同樣之組合必以此天地人三宮位而符合。如紫微在卯與貪狼同宮，則在酉也必同宮。又如天機、太陰在寅同宮，在申也必同宮，其全部之組合必在天地人盤之中，而天地人盤並不是個別獨立而是歸為一個盤，也即是三方成一個大三角形而成一條線之理。

數在地之中，天以乾始，地以坤始，人以艮始，故論到坤時要知數在此地中。

*艮卦以廉貞為始，有順逆排之原理，廉貞為甲為艮之始，故廉貞化忌對於人之影響很大。廉貞化忌所發生之事往往比較嚴重。

論天之位

子、午、卯、酉時，如化祿或化忌入天之位時主消耗，因有錢可花，而會花天酒地。以化祿入命為天之位而言，個性比較樂天，以財帛而言，比較虛花，故應看落何宮位。如此祿化田宅為天之位，則為花家中之錢，屬敗家子之流。但如化祿入辰、戌、丑、未地之位時，雖然同樣有花錢之意，但也含有必須有賺錢才肯花錢。因地之位乃四庫之地，必須要先賺錢而後花用，但在天之位又是桃花位所以花錢比較闊手本來就有錢而輕鬆給花掉而已。

何俊德斗數心得

以上為問答雜論，不管什麼算命的學術，都是一種的因果反映，今生能夠依命盤的指示，知終則終，知止則止，才不會失誤，厄運的發生，因命盤已經顯出一個公式指點，不要猶疑不決，也不要心存僥倖，要化解凶災惡運只有多作義工施功佈德彌補災厄的來因，以外沒有特殊管道，知始則始不要錯失良機才不會感嘆少賺很多，想要來生能夠生於皇親國戚或是大財團之富二代，只有一個方法就是，功德作的越多，凡事只有付出，有損自然益就會進來，這只是何俊德的心語參考就好。

何老師五術班招生

易經陽宅五術大師何俊德老師傳授，救世道法、安龍謝土開廟門、開光點眼、啓靈開竅、通靈辦事、處理祖先、乩生座禁開口、符咒符錄祕法、起土收煞、消災解厄、走失吊回、小三破開、夫妻和合、催財、延生添壽、開運開正緣、招財招貴人、斬亂緣、斬小人、小法術班，陽宅風水班，易經卜卦米卦班，紫微斗數高級班，各種擇日高級班，五格生肖姓名公司行號班，保證教到能夠應用，一次授課一生授用，遇到問題隨時都可提問速成保證班，有興趣學習的同好歡迎報名参加。所有課程都採小班制，讓各位學習更容易，運用面對面小班制，有疑問可隨時提問，老師馬上講解馬上明瞭，（每個科班）各地方有三人以上馬上開課，歡迎諸位大德利用，WeChat、Facebook、LINE歡迎加好友。

國家圖書館出版品預行編目資料

紫微斗數白話詳解專論四化實用全書／何俊德著. --初版.--嘉義縣新港鄉:何老師易經陽宅研究服務中心，2020.5
ISBN 978-986-91763-4-7（平裝）
1.紫微斗數
293.11 109003533

紫微斗數白話詳解專論四化實用全書

作　　者　何俊德
發 行 人　何俊德
出　　版　何老師易經陽宅研究服務中心
621嘉義縣新港鄉中山路117號
電話：（05）374-0988、0928-747027
設計編印　白象文化事業有限公司
專案主編：陳逸儒　　經紀人：徐錦淳
經銷代理　白象文化事業有限公司
412台中市大里區科技路1號8樓之2（台中軟體園區）
出版專線：（04）2496-5995　　傳真：（04）2496-9901
401台中市東區和平街228巷44號（經銷部）
購書專線：（04）2220-8589　　傳真：（04）2220-8505
印　　刷　普羅文化股份有限公司
初版一刷　2020年5月
定　　價　1200元